KB235569

철학자 구보 씨의 세상 생각

철학자 구보 씨의 세상 생각

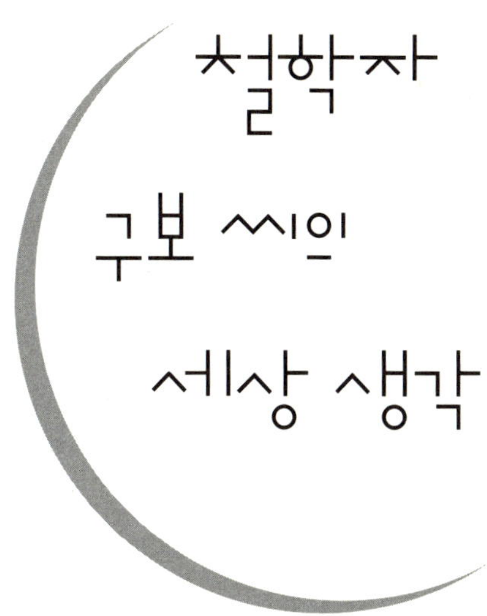

문성원 지음

알렙

구보 씨, 구보 씨를 말하다

요즘은 날씨가 참 궂다. 그래도 꽃은 핀다. 구보 씨가 사는 곳은 한반도 남쪽 끝자락이라서 그런지 벌써 진달래도 피고 목련도 피었다. 아직 가지뿐인 나무들 틈새에서 갓 피어난 진달래는 속도위반이라도 한 처자처럼 약간 수줍어 보인다.

봄이 오면 꽃이 핀다. 여기, 감상이 없을 수 없다. 상투적이고 인간 중심적이라 해도 어쩔 수 없다. 사람도 꽃처럼 가고 또 새로 오지만, 꽃 피고 지듯 매년 계절마다 그런 것이 아니라서 아쉬움이 더하다. 작년에도 많은 사람이 떠났다. 그렇게 간 사람들은 이제 우리 곁에 오지 못한다.

하긴 꽃이 다시 피듯이 한번 간 사람이 또 오는 경우도 있다. 구보 씨가 그렇다. 이 봄에 다시 등장한 구보 씨가 세상에 처음 나온 것은 1930년데디. 박태원이 「소설가 구보 씨의 일일」을 발표한 것이 1934년이니까 벌써 79년이 지났다. 그렇게 보면 구보 씨의 나

박태원의 「소설가 구보 씨의 일일」의 삽화(이상의 그림)

이가 이제 희수(喜壽)를 넘은 셈이다. 하지만, 구보 씨는 그 뒤로도 여러 번 새로 등장했으므로, 또 앞으로도 그럴지 모르므로, 나이를 따지는 건 별반 의미가 없다.

최인훈이 1960년대 말부터 「소설가 구보 씨의 일일」 연작을 발표하여 구보 씨를 다시 불러냈다. 그 구보 씨는 박태원의 구보 씨와 좀 다르다. 먼저 한자 표기에서 차이가 난다. 박태원의 구보는 '仇甫'였는데, 최인훈의 구보는 '丘甫'다. 시대배경이나 무대도 다르다. 하나는 일본 제국주의 식민지하의 조선 땅 경성이고, 다른 하나는 분단된 한반도의 남쪽 땅 서울이다.

1990년대에 등장한 구보도 있다. 주인석이 '소설가 구보 씨의 하루'라는 부제로 『검은 상처의 블루스』라는 연작소설집을 냈는데, 여기 주인공인 구보에게는 한자 표기가 없다. 그는 1980년대 격동의 상처와 1990년대의 침울한 분위기 가운데서 번민한다. 무대는

철학자 구보 씨의 세상 생각

전(前)근대와 포스트 모던이 공존하는 서울이다.

세 번의 구보는 다 구보이지만 다 다른 구보다. 마치 봄마다 피는 진달래가 다 진달래이지만 다 다른 진달래이듯이.

그런데 하필이면 이제 다시 왜 구보인가? 특별한 이유는 없다. 굳이 이유를 찾자면 그간의 구보가 지녔던 사색적인 소시민성 때문이라고 할까. 무엇보다 최인훈의 구보가 보여준 인상이 강렬했다. 최인훈의 구보 이후로는 어떤 구보든 시대를 걱정하는 반성적인 지식인상을 벗어나기 어렵게 되었다. 매번 다르지만 그래도 반복의 느낌을 주는 일종의 변주(變奏)처럼, 구보라는 이름은 나름의 울림을 갖게 된 것이다.

"그래도 네가 구보라는 건 좀 뜬금없어."

드디어 Y가 참지 못하고 끼어든다. 그녀의 약간 치켜 뜬 눈매는 어딘지 쨍하는 목소리 못지않게 매력적이다.

"넌 소설가도 아니고, 또 그닥 젊은 축도 아니잖아."

그거야 아무려면 어떤가. 구보가 꼭 소설가여야 한다는 법은 없지 않은가. 게다가 소설가와 철학자 사이에 넘지 못할 경계가 있는 것도 아니고…… 사실 따지고 보면 우리 소설가 가운데 최인훈의 구보 씨 정도로 사색적이고 철학적이었던 사람도 찾기 힘들다. 그런데, 젊지 않다는 건, 글쎄, 그건 좀 아픈 얘기다.

"Y야, 네 나이도 생각해야지. 젊은 친구가 꼭 좋은 것만은 아니거든. 더구나 철학자라면 말이야, 그래도 불혹(不惑)은 넘겨야 하지 않겠어?"

구보 씨도 이런 게 좀 억지라는 건 안다. 젊은 철학자가 노숙한 철학자에 비해 못하라는 법은 없다. 왕필(王弼)이나 니체가 젊은 나이에도 훌륭한 업적을 낸 것은 잘 알려져 있다. 비트겐슈타인이 『논리철학논고』를 쓴 것은 서른이 채 안 되어서였으며, 하이데거가 『존재와 시간』을 발표한 것도 30대 때였다.

그리고 이제까지의 구보 씨는 다 젊었다. 박태원이 「소설가 구보 씨의 일일」을 쓴 것은 20대였을 때고, 최인훈의 경우도 30대 초반, 주인석도 30을 갓 넘었을 무렵 구보를 그려냈다. 그래서 구보 씨는 비판적이고 삐딱했을지언정 풋풋함과 패기를 잃지는 않았다. 철학자 구보 씨는 그럴 자신이 있는 걸까?

사실, 그건 잘 모르겠다. 깨놓고 말하면, 철학자 구보가 이렇게 구보 씨가 된 건 다분히 우연이라는 걸 부정할 수 없다. 'e시대와 철학'이라는 웹진을 관장하는 한국철학사상연구회에서 요청한 것은 일종의 '철학 강좌'였다. 시장 자본주의와 자유주의 비판을 내용으로 하는 것이었으면 좋겠다고 했다. 그런 요청문을 보았을 때, 아이쿠, 싶었다. 자신이 없었다. 또 억지로 거기에 맞춰 쓴다 해도 그렇게 목적의식이 견고(!)한 형태로야 얼마나 버텨낼 수 있을까. 그래서 궁리 끝에 다시 끄집어 올리게 된 것이 구보 씨 이야기다.

박태원 시절부터 구보 씨는 자신을 드러내는 데 솔직했던 편이다. 소설 속의 인물로 나오는 까닭에 자전적(自傳的)인 이야기를 각색하여 표현하기가 쉬웠다. 그 과정에서 실제와 허구가 버무려

　　　　　철학자 구보 씨의 세상 생각

박태원의 「소설가 구보 씨의 일일」의 삽화(이상의 그림)

지지만, 그건 나름의 실재(實在; reality)를 효과적으로 드러내기 위해서였다고 해야 할 것이다. 원래 소설이라는 형식이 그런 역할을 하는 것이 아닌가. 그렇다고 해서 철학자 구보 씨가 소설을 쓰겠다는 말은 아니다. 다만, 필요한 만큼만 그 같은 형식을 차용하겠다는 얘기다.

"풋, 구보야, 그건 비겁한 거야. 철학자면 철학적 내용을 철학적으로 말하면 됐지, 왜 남의 틀이랑 이름을 빌리니? 또 그렇게 문학적 형식을 쓸 거면, 거기에 대해서도 책임을 져야 하는 거잖아. 말하자면, 문학적 가치도 있고 재미도 있어야 하는 거거든. 근데 넌 누가 그런 점에 대해서 불평을 하면 이건 사실 문학적인 게 아니고 철학적인 글이라고 발뺌할 거잖아. 그럼 그건 이중직으로 비겁한 거라구."

또 Y다. 허 참…… 그래, 너 잘났다.

네 눈엔 낫살이나 먹구 이런 글 쓰고 있는 내가 뭐 그렇게 속 편해 보이냐? 그렇게 요리조리 피할 길을 생각했다면 구태여 이런 걸 왜 쓰겠어? 그냥 못하겠다고 그러지.

그리고 네가 말한 그런 생각은 따분한 형식주의고 치사한 보수주의의 발상이야. 문학의 형식이 따로 있고 철학의 형식이 따로 있는 게 아니거든. 내가 굳이 플라톤의 대화편이나 니체의 차라투스트라 같은 걸 다시 거론해야 되겠니? 거기 나오는 인물들은 실제와 꼭 같지 않지만, 실제보다 더 유의미하고 더 생명력이 있잖아. 물론 구보 씨를 내세워 철학을 논의하는 게 그런 대작들에 비할 만한 결과를 낳을 거라고 말하는 건 아니야. 나는 그저 형식에 얽매일 필요가 없다는 걸 얘기하는 거야. 괜히 고유한 형식이 어쩌구 하면서 엄격한 척하는 치들은 대개 자기 밥그릇에 대해 위엄을 부리는 거라구.

가만, Y에게 이렇게 성질낼 일이 아니다, 라고 구보 씨는 생각한다. 뭐, 사실, 일리가 있는 말이지 않은가. 여기에는 좀 더 적극적으로 대응할 필요가 있다. 가령, 오늘날에는 실제와 허구의 혼재(混在)가 바로 실재(實在)의 모습이 되었다는 식의 얘기는 어떤가. 이제 '가상현실'은 더 이상 낯설지 않은 현실이 되었다. 게임이나 훈련용 시뮬레이션 따위만 말하는 것이 아니다. 대표적으로 상업 광고를 보라. 광고에 등장하는 인물과 상품 간의 관계는 실제인가, 허구인가? 예컨대, 김연아가 광고하는 냉장고를 김연아가 정말 사

　철학자 구보 씨의 세상 생각

용하고 있으리라 믿는 사람은 없다. 그러나 그 광고 효과는 실제적이며, 그래서 그 광고는 현실의 일부가 된다.

구보 씨와 구보 씨가 늘어놓는 철학 이야기 사이의 관계도 그럴 수 있다. 이렇게 실제와 허구의 섞임이 만연한 시대에는 구보 씨 같은 인물이 등장해서 철학을 들먹이는 건 그런대로 잘 어울리는 일이 아닐까. 원래 박태원의 구보에서부터 구보는 이렇게 영역들 사이의 경계를 넘나들었다. 의식(意識)의 세계와 실제 세계의 삼투(滲透). 이런 점에서 구보 씨는 이미 모더니스트였다. 하지만 그 삼투가 한 방향만의 것, 의식의 무력한 작위(作爲)만일 수 없었다는 것은 박태원의 이후 행적이 보여준다. 그는 좌익 문학 진영에 가담했다가 한국전쟁 때 월북하였으며, 그 후로는 역사소설을 주로 발표했다. 대표작 『갑오농민전쟁』은 실명(失明)과 전신불수의 병중에서 구술(口述)을 하여 완성한 것으로 알려져 있다. 그는 1986년에 78세로 사망했다.

최인훈이 분단과 냉전의 시기인 1960년대 말에 구보를 다시 불러낸 것은 아마 이런 이중의 삼투를 염두에 두어서였을 것이다. 최인훈의 구보는 소시민의 일상을 살지만, 그를 둘러싼 세계는 그의 일상에 간단(間斷)없이 침투한다. 중국의 유엔 가입이나 월남전, 군사훈련 반대 데모 따위가 구보의 생각을 멈추게 하거나 끌고 간다. 그는 '남북조(南北朝)시대'의 '난세(亂世)'를 사는 지식인의 일상을 보여준다. 하지만 그러한 모습조차 박정희의 유신독재 이후로는 사라져 버렸다.

　최인훈은 근 20년에 걸친 침묵 끝에 1994년 소설 『화두』를 내놓았다. 철학자 구보 씨는 당시를 생각하면 두 가지가 떠오른다. 최인훈이 한 TV 인터뷰에서 그동안 무엇을 하고 있었느냐는 질문에 "이 책(『화두』)을 준비하고 있었다"고 자못 자랑스레 말하던 장면, 이문열이 『화두』에 대해 "지성의 장엄한 황혼"을 보는 것 같다고 한 말을 크게 부각시킨 그 책의 신문 광고. 두 가지 다 씁쓰레한 웃음을 짓게 했던 기억이다.

　"어, 그건 또 왜?"
　이번에는 Y의 참견이 반갑다. 사실 그녀는 여러 모로 기특하고 사랑스러운 존재다. Y가 없는 세상, 그건 생각하기 싫다. 지루한 평화도 견디기 어려운 고통일 것이므로.
　"이문열이 한 그 말의 초점은 '황혼'에 있었거든. 그러니까 내가 보기엔 그게 칭찬이라기보다는 이제 수명이 다했다는 걸 강조하는 뜻으로 읽혔다는 거지. 꽤 긴 그 소설의 마지막이 소련이 무너진 러시아를 배경으로 끝나는 것도 시사적이고 말이야. 그리고 『화두』는 나름대로 진지한 자전적 작품이지만, 뭐, 20년 동안 그걸 준비하고 있었다고 자랑스러워할 만한 건 아니다 싶어. 그러니까 이문열의 말이 기분 나쁘긴 하지만, 완전히 틀린 건 아닌 셈이지."
　무엇에나 수명이 있기 마련이다. 박태원의 구보에도, 최인훈의 구보에도. 그러나 구보의 수명이 다한 것은 아니다. 구보는 여럿이며 또 이어질 수 있으니까. 모름지기 개체를 절대화해서 볼 필요는 없다. 그렇게 보는 건 역사의 무대에 개인이 크게 부각되기 시작한 근대 이후의 사고방식일 따름이다. 생각하고 느끼는 거야 언제나 개체지만, 그 생각이나 느낌은 공간적으로나 시간적으로 전파되지 않는가. 구보는 여기에도 저기에도 있을 수 있고, 이 시대에도 저 시대에도 있을 수 있다.

그렇다고 해도 오늘날 이 자리에서 구보가 꼭 해야 할 어떤 역할이 있을까? 소설가 아닌 철학자 구보가 등장해야 할 어떤 까닭이 있는 걸까?

글쎄, 자꾸 그렇게 물어볼 일은 아니다. 꼭 필요한 일만 일어나는 것은 아니지 않은가. 누구 말대로 진격하는 자본주의가 온 세상을 구석구석 즈려밟고 우리의 감성마저 완전히 집어삼키려 드는 세상에서 그런 식으로 사태를 따지는 건 우스꽝스럽다. 현실적인 것이 이성적인 것이 아닌 세상에서는, 아니 그런 세상이기에, 구보 씨에게도 뭔가 할 일이 있지 않겠는가.

"하긴, 보수주의가 여기저기서 유령처럼 복귀하고 있다는 판국인데, 구보라는 작자가 뭐로 되돌아오든 그게 뭔 대수겠어? 아무튼 난 그래선지 이전 시대의 누가 복귀한다고 하면 짜증부터 나는 거야. 마치 거기가 정당한 제 자리였다는 듯이 구는 게 역겹기도 하고 말이야. 그러니까, 구보야, 너도 괜한 설레발치지 말고 하려거든 제대로 잘해 보라구. 오늘이야 대충 이렇게 끝낸다고 해도 당장 다음부터는 뭔가 내용 있는 얘기를 해야 하지 않겠어?"

차례

1장

구보 씨,
누드 모델을 꿈꾸다

"Y야, 너 드디어 내 말에 감복했구나. 이제 토를 달지 않는 것을 보니……"

"응? 뭐라구? 아, 미안, 잠시 딴 데 정신이 팔려서 네 말을 못 들었어. 걷다 보니 어느새 소나무 길이네. 맞아, 여기가 유명한 운문사의 소나무 길이구나. 예전에 유홍준이 아낙네의 늘씬한 벗은 다리랑 견주었던 그 소나무 길이지, 아마. 그러나저러나 어쩌냐, 구보야. 이 소나무들은 잎을 떨구지 않으니 말이야. 벌거벗질 않으니 초월하군 무관한 나무겠네. 그런데, 왜 유홍준은 이 나무들을 에로틱하다고 하면서 그 작은 눈을 게슴츠레하게 떴을까. 하여튼 오징어는 말려도 사내들은 못 말린다니까."(60~61쪽)

구보 씨,
장미 향기를 맡다

"내가 날씨에 따라 변할 사람 같소?"

구보 씨는 오월의 태양 아래 막 피어난 붉은 장미 몇 송이를 물끄러미 바라보다가 저도 모르게 중얼거렸다. 그건 구보 씨가 본 적도 없는 오래전의 연극 제목이었는데, 웬일인지 버릇처럼 입에 붙어 예기치 않은 순간에 튀어나오곤 했다.

장미의 향은 강하지 않았다. 가까이 가서 코를 흠흠거려야 간신히 약한 자극이 올 정도다. 요즘 꽃들은 냄새가 이전만 못하다. 보기 위한 꽃들로 개량한 탓일 거다. 그래도 이렇게 울타리에 심어진 꽃들은 나은 편이다. 대개는 아예 향이 없다시피 하다.

어떻든 장미가 피었다. 바야흐로 장미가 피는 계절이다. 몇 년 전 이맘때쯤에는 장미를 큰 마당에 가득 심어놓은 곳을 일부러 찾아갔다. 구보 씨가 사는 데서 멀지 않은 곳에 그런 공원이 있어서다. 각양각색의 장미들이 이제 막 망울을 터뜨리고 있었다.

마침 토요일이어서 일을 쉬는 사람들이 아이들을 데리고 놀러와 공원은 한창 북적였다. 복잡하고 골치 아픈 세상, 하지만 잠시 짬을 내어 화창한 오월의 한때를 즐기던 중이었다. 그런데 난데없는 호외가 날아들었다. 거기에는 굵고 큰 글씨로 이렇게 쓰여 있었다. 노무현 전 대통령 서거.

그게 벌써 몇 년 전이다. 이제 다시 핀 장미를 보면서 구보 씨는 그때 일을 떠올린다. 뜬금없는 것 같기도 하다. 장미와 노무현 사이에 특별한 연관이 있을 리 없으니 말이다. 게다가 노란 장미라면 몰라도 붉은 장미라니……. 하지만 구보 씨에게 노무현과 함께 연상되는 장미는 붉은 색이다. 붉은 장미, 햇살을 받아 더 붉은, 동백 꽃처럼 붉은 빛의 장미…….

이건 어쩌면 이미지의 간섭 현상일지도 모른다. 동백은 꽃 밑동까지 송이째 떨어진다. 미련을 남기지 않고 지는 꽃이 동백이다. 마치 목이 꺾이고 잘린 듯 툭툭 땅에 떨어진다.

우연일까. 이창동 감독의 영화 「시」(2010)에도 장미가 나오고 동백이 나온다. 영화에서 윤정희가 분(扮)한 양미자는 장미의 꽃말이 고통이라고 말한다. 구보 씨가 알기론 장미에 그런 꽃말은 없지만, 그래도 양미자의 말을 믿고 싶다.

영화 「시」에 나오는 동백은 목이 꺾이듯 떨어지지 않는다. 그 동백은 조화(造花)이기 때문이다. 실제의 동백꽃을 화면에 담기에는

영화 「시」의 한 장면

계절이 맞지 않았다. 그런데도 감독은 동백꽃을 등장시키고 양미자가 그 꽃을 너무 좋아한다고 말하게 한다.

영화에서 동백 대신 꺾여 떨어지는 것은 사람이다. 같은 학교 남학생들에게 성폭행을 당하고 강물에 떨어져 죽은 여중생 희진이가 한 떨기 동백인 셈이다. 그 동백을 품고 강물은 흐른다. 영화는 꺾인 꽃망울에 무심한 세상을, 악할 것조차 없이 제 살기에 바쁜 뻔뻔한 사람들의 모습을 함께 비추고 다시 강물로 돌아와 끝을 맺는다.

영화의 마지막에는 죽은 희진이를 위해 미자가 쓴 시가 흐른다. 「아네스의 노래」다. 미자는 뒤늦게 왜 시를 쓰고 싶어 했을까. '시가 죽어버린 시대'에, 꽃을 좋아할 뿐 세상살이에는 서툴고 말투마저 어색한 미자가, 삶의 아름다움으로 끝내 붙들고자 한 것은 무엇이었을까. 미자의 노래, 아네스의 노래, 이창동의 노래는 누구를 향한 것이었을까.

그곳은 어떤가요 얼마나 적막하나요

저녁이면 여전히 노을이 지고

숲으로 가는 새들의 노래 소리 들리나요

차마 부치지 못한 편지 당신이 받아볼 수 있나요

하지 못한 고백 전할 수 있나요

시간은 흐르고 장미는 시들까요

 철학자 구보 씨의 세상 생각

이제 작별을 할 시간

머물고 가는 바람처럼 그림자처럼

오지 않던 약속도 끝내 비밀이었던 사랑도

서러운 내 발목에 입 맞추는 풀잎 하나

나를 따라온 작은 발자국에게도

작별을 할 시간

이제 어둠이 오면 다시 촛불이 켜질까요

나는 기도합니다

아무도 눈물은 흘리지 않기를

내가 얼마나 간절히 사랑했는지 당신이 알아주기를

여름 한낮의 그 오랜 기다림

아버지의 얼굴 같은 오래된 골목

수줍어 돌아앉은 외로운 들국화까지도 내가 얼마나 사랑했는지

당신의 작은 노래 소리에 얼마나 가슴 뛰었는지

나는 당신을 축복합니다

검은 강물을 건너기 전에 내 영혼의 마지막 숨을 다해

나는 꿈꾸기 시작합니다

어느 햇빛 맑은 아침 깨어나 부신 눈으로

머리맡에 선 당신을 만날 수 있기를

"내가 날씨에 따라 변할 사람 같소?"

꽃을 한동안 들여다보던 구보 씨는 다시 중얼거렸다.

"그럼, 물론이지."

Y라면 이렇게 대답했을 것이다.

"그렇게 물어보는 이유는 말이야, 스스로도 변한다는 걸 알고 있지만, 그걸 애써 부정하고 싶어서라구. 자신의 말을 반사물로 삼아서 그런 바람을 증폭시켜 보는 거지. 뭐, 나쁠 건 없어. 때로 효과가 있을 수도 있으니까."

언젠가 구보 씨가 혼잣말하는 걸 들었을 때, Y는 이렇게 이죽거리듯 참견을 했다.

하긴 사람이 안 변할 수는 없지, 라고 구보 씨는 생각한다. 날씨에 민감한 건 나쁜 게 아니야. 다만, 뭐가 어떻게 변하느냐는 거지. 그런데 시를 쓴다는 건 아마 변하지 않는 것이 있어야 가능하지 않을까. 변하는 날씨와 변하는 세월을 바라보는 변하지 않는 심정 한 자리, 그런 게 있어야 시구(詩句)가 맺히는 것 아닐까.

그래서 기억은 그리움이 되고 또 기다림과 희망이 되는 걸 거야. 과거와 미래가 지금 이 순간에 한 몸이 되는 어떤 절절함 같은 것으로 말이지. 시(詩)라…… 그래, 이 부박(浮薄)한 현실 속에서도 시가 영화의 소재가 되지 않는가. 그건 지금 이 시절에도 드러나지 않을 수 없는 무엇이 있다는 증거가 아닐까. 그리고 그건 어쩌면 해마다 피어나는 이 꽃과도 같은 것이 아닐까.

하지만 정작 시를 쓰고 읽는 사람은 얼마나 되지? 이창동의 영

　　　　　철학자 구보 씨의 세상 생각

화 「시」도 외국 영화제의 힘을 입어 간신히 관객 동원을 하고 있는 꼴이잖아. 구보 씨는 하루에 단 한 번뿐이었던 그 영화의 상영 시간을 떠올렸다. 개봉 후 며칠 안 돼 영화관을 찾았는데도 그랬다. 이제 시는 꽃 자체가 아니라 점점 옅어져 가는 꽃향기와 같은 것일지도 몰라. 가까이 가서 맡으려고 애를 써야 간신히 다가갈 수 있는 그런 것 말이야…….

누가 그랬었지? 현대의 대표적인 시는 광고 카피라고…… 한편으론 그게 맞는 말이겠지. 압축적이고 세련된 표현으로 범람하는 언어가 바로 광고 카피일 테니까 말이야. 또, 그걸 만들어내려고 쥐어짜는 노력의 양과 강도를 생각해 봐. 카피라이터의 고생은 아마 시인들 못지않을 거야. 그렇더라도 그게 시야? 디자인된 언어, 향기 없이 흩날리는 꽃잎들처럼 사방에서 현란하게 명멸(明滅)하며 흩어지는 어구들…….

시란 모름지기 살아 있어야 하는 거야. 그런데 살아 있다는 게 뭘까. 죽음에 바치는 헌사(獻辭)에서도 살아 숨 쉬는 것, 흐르는 강물처럼 언제나 움직이면서도 죽음 너머의 한 지점을 끝까지 겨누는 것, 그래서 죽음의 세력들과 죽음의 상인들이 몰고 오는 온갖 유혹과 치장을 이겨내는 것, 삶을 죽음으로 덮는 것이 아니라 죽음 속에서조차 삶을 찾아내고 움켜잡는 것, 그리하여 절망의 한가운데서도 꿈꾸는 세상의 아름다움에 기꺼이 매혹되는 것…….

"구보야, 넌 너무 유약해. 사내애가 허구한 날 꽃이나 들여다보고 있으니 말이지. 그렇다고 꽃을 가꾸기라도 하냐 하면 그것도 아니잖아. 그저 남이 가꾼 꽃에 코나 들이대고 있으면 거기서 철학이 나오니?"

Y의 질책이다. 그녀는 어디 있다가 또 이렇게 바람처럼 나타난 걸까.

"Y야, 나는 지금 꽃만 보고 있는 게 아니고, 꽃 너머를 보고 있는 거야. 향기만 맡고 있는 것이 아니라 향기 너머를 더듬고 있는 거고……. 말하자면, 장미가 품고 있는 시(詩)에 귀 기울이고 있는 중이라구."

"얼씨구. 참 시시한 소리 하고 있다. 지금이 그럴 때냐?"

"왜, 무슨 일이 있어?"

"무슨 일? 너 참 속 편하다. 다들 신경 곤두서 있는 판에. 자칫 전쟁이라도 날 것 같은 분위기잖아. 막상 어렵다고는 하지만, 미국의 중국 관계 꿍꿍이만 정리되면 혹 모르는 일이라는 얘기도 있어. 그게 아니더라도, 전교조 교사들 130여 명을 교과부가 해임하겠다고 결정하고 나선 건 알지? 오늘은 천안함 발표를 못 믿겠다고 한 김용옥 씨를 우익 단체들이 국보법 위반으로 검찰에 고발했다는 뉴스가 떴어. 김용옥은 니들과 같은 철학자 아니니?"

"허, 그런 일이……. 정말 세상이 거꾸로 돌아가는 모양이네. 하지만, Y야, 너무 걱정할 건 없어. 우린 박정희 시절도, 전두환 시절도 견디고 헤쳐 왔잖아. 때로 거꾸로 가는 것처럼 보여도 그건 잠시거든. 이렇게 얘기하면 어떨지 모르겠는데, 우리가 시심(詩心)을 잃지 않는다면 괜찮을 거야."

"시심? 그렇게 장미나 들여다보면서 말이지? 네가 해직 통보를 받는 심정을 알기나 해?"

"아, 미안해, Y야. 그렇게 화내지 마. 나도 답답하다구. 어떻게 안 그렇겠어? 실은 나도 장미를 보면서 노무현 전 대통령을 생각하던 중이었어. 그러다 보니까 며칠 전에 본 영화 「시」가 떠오르고, 그래서 해 본 소리야. 꽃이나 시 같은 게 유약한 것 같지만, 어려울 때 우리의 마음을 받쳐 주는 건 의외로 그런 것 아닐까. 변하는 세태에도 믿고 기다리고 버틸 수 있게 해 주는 것, 이를테면 싸움터의 병사들이 품 안에 접어 간직하는 어머니의 편지 같은 것 말이지. 날씨에 따라 쉽게 변할 수 있는 사람들을 굳게 잡아주는 어떤 닻줄 같은 것…… 잠깐, Y야, 그렇게 가지 말고 내 말을 들어 봐."

영화 「네루다의 우편배달부」의 한 장면

그러나 Y는 뒤돌아보지 않았다. 구보 씨는 멀어져가는 Y의 뒷모습을 향해 그녀에게 막 들려주려던 시구를 혼잣말처럼 중얼거려보는 수밖에 없었다.

시는 무엇을 위한 것인가?

그 밤, 우리가 칼날을 피해갈 수 없었던 그 밤,

그리고 그 날, 그 황혼녘, 두드려 맞은 누군가의 심장이

죽음을 준비하던 그 부서진 골목을 위한 것이 아니라면……

──파블로 네루다, 「로르카를 위한 송가」 중에서

 철학자 구보 씨의 세상 생각

구보 씨,
누드 모델을 꿈꾸다

더운 날씨다. 무덥고 갑갑하다. 훌훌 벗어던지고 싶은 때다. 구보 씨가 딱히 여름을 즐기는 편은 아니지만, 벗는 건 좋아한다. 아니, 그보다는 걸치고 입는 것을 그닥 기꺼워하지 않는다는 말이 더 맞겠다. 그렇다 보니, 이런 날씨에 집에 있을 때면 거의 벌거벗고 있을 때가 많다.

원래 인간은 열대 동물이다. 생물학적으로는 지금도 마찬가지다. 현생인류가 아프리카를 벗어나 다른 지역으로 퍼져가기 시작한 것은 대략 4, 5만 년 전에 지나지 않는다고 한다. 이 정도 기간은 생물학적 변이가 일어나기에는 매우 짧은 시간이다. 오늘날도 지구상에서 인간이 옷가지나 보온 장치 없이 살 수 있는 지역은 그리 넓지 않다.

그러니까, 온대(溫帶)인 우리네 환경에서 인간의 생물학적 본성에 맞는 계절은 여름뿐이라고 해야 할 것이다. 다시 말해, 우리가 생물학적 본성에 맞추어 '자연'스럽게 살 수 있는 유일한 계절이 여름인 셈이다. 자연스러움으로 잘 지낼 수 있는데 거기에 굳이 인위(人爲)를 덧붙일 필요는 없어, 라고 구보 씨는 벗은 몸으로 생각해 본다.

인위는 과잉(過剩)을 수반하기 마련이다. 특정한 목적에만 딱 들어맞는 것은 만들어내기 어렵기 때문이다. 그리고 과잉은 대부분 예기치 않은 문제들을 야기한다. 물론 인간의 문화는 그런 과잉의 자극으로 말미암아 발전하는 것이지만 말이다. 옷은 열대의 '털 없는 원숭이' 출신인 인간이 그 활동 범위를 한대(寒帶) 지역으로까지 넓혀나갈 수 있도록 해 주었다. 그러나 막상 더운 계절에는 거추장스러워지는 것이 옷이다.

어찌 옷뿐이겠는가. 인간이 만들어낸 온갖 장치와 제도들이 그렇다. 거추장스러워지기만 하면 다행이다. 쉽게 억압적이 되어버린다. 인위의 질서가 자연스러움을 덮고 순응을 강요한다. 그렇게 하여 인위의 본성이 마련된다. 이제 자연은 낯선 것이 되고 만다. 아마존의 조에 족을 생각해 보라. TV 화면에 비친 그들의 벌거벗은 자연스러움은 우리에게 낯선 것이었다. 인위의 문명은 그들의 자연스러운 신체 부위를 가리는 모자이크 속에 있는 것이 아니겠는가.

옷에 배어 있는 인위의 질서가 직접적으로 나타나는 것은 복식

 철학자 구보 씨의 세상 생각

(服飾)에서다. 하지만 복식은 사극(史劇)에서나 찾아볼 수 있는 것이 아니다. 구보 씨는 옷차림새 때문에 대우가 달라지는 일을 여러 번 경험한 적이 있다. 요즘도 옷이 신분이나 사회적 지위를 나타내는 것이다. 그런 까닭에, 옷에 대한 태도는 사회 질서에 대한 태도를 함축한다. 히피들이 괜히 옷을 찢고 벗어던졌겠는가. 그들의 벗은 몸은 인위의 질서에 대한 저항의 표시다.

그런데 이 인위는 만만한 상대가 아니다. 그것은 쉽게 찢어지지도 벗겨지지도 않으며, 도리어 벗은 몸에 파고든다. 오늘의 실태를 보라. 몸짱 열풍을 거쳐 신체 부위 하나하나를 지배하는 촘촘한 시선. 꿀벅지니 빨래판 복근이니 하는 따위의 웃지 못할 규정들이 판을 친다. 은희경의 표현대로, 인위의 '아름다움이 우리를 멸시'하고 주눅 들게 하며, 알몸까지 스며든 징글맞은 소비의 질서에 매달리고 아부하게 한다. 오늘날 전시된 벗은 몸은 또 하나의 값비싼 옷이다.

이런 세상에서 구보 씨는 누드모델을 꿈꾼다. 물론 구보 씨가 몸짱일 리는 없다. 빨래판 복근? 그의 배는 전통의 중년 남자가 지닌 봉긋한 여유를 보여줄 뿐이다. 그런 구보 씨가 엉뚱한 꿈을 갖게 된 것은 우연히 본 영화 한 편 때문이었다.

「캐쉬백」이라는 제목의 영국 영화였다. 주인공 청년이 여자 친구에게 차이고 그 실연의 상처 가운데 새로운 연인을 만나게 되는 과정이 유머러스하게 그려졌던 것 같다. 세상이 정지된 속에서 지신만 움직일 수 있다고 상상하는 장면들이 재미있었다. 멈춰진 시간, 그 속에서 홀로 누리는 자유로움——이것이 힘든 상황을 잠시나마 초연하게 바라볼 수 있는 여유를 준다. 프로이트가 말하듯, 유머는 현실에 대한 이런 종류의 거리두기를 필요로 하는 것이 아닌가. 이 상상의 특권적 거리가 당장은 어쩔 수 없는 현실을 비틀어보게 하고 그 틈에서 숨 쉴 수 있게 한다.

정작 구보 씨에게 필이 꽂힌 것은 영화의 전개에 핵심적인 것이라고는 할 수 없는 한 장면에서였다. 주인공 청년은 슈퍼마켓에서 아르바이트를 하는 가난한 미술학도였는데, 실연을 당하고 채 정신을 차리지 못한 처지에서 미술 실기 수업에 들어왔다. 누드 데생 실습 시간이다. 당연히 누드모델이 등장한다. 그런데 그 누드모델이 머리가 백발인 할아버지였다. 몸매는 물론 몸짱과 거리가 한참 멀다. 그래도 당당하고 거리낌이 없다. 모델을 서면서 '뿌우웡' 하고 방귀까지 뀐다.

"익스큐즈 미."

구보 씨는 '익스큐즈 미'라는 표현이 그토록 적절하고도 미묘한 톤으로 사용되는 것을 본 적이 없다. 어색함과 미안함, 뭐 그래도 생리 현상인데 어쩔 수 없잖아 하는 약간의 뻔뻔함까지 적절하게 담겨 있다. '뿌웡.' 그 시퀀스가 끝나기 전에 할아버지 모델은 다시 방귀 한 방을 날린다.

"익스큐즈 미."

그래, 바로 저거야, 하고 구보 씨는 생각했다. 누드모델이라고 꼭 잘 빠져야 하는 것은 아니거든. 오히려 필요한 것은 감춰져 있

　　　　　　　　　　　철학자 구보 씨의 세상 생각

영화 「캐쉬백」의 한 장면

고 억압되어 있는 것을 드러내는 용기야. 겉치레를 벗어던지고 자연스러움을 드러내는 약간의 용기 말이지. 그런 것만 있으면 누구나 모델이 될 수 있는 것 아니겠어. 저렇게 할아버지도 모델을 설 수 있다면, 철학자에게 적절한 노후의 부업은 바로 누드모델이 아닐까. 모름지기 철학자란 은폐된 것을 파헤치고 드러낼 줄 알아야 하니까 말이야.

사람들이 쉽게 벌거벗지 못하는 까닭은 추워서가 아니다. 옷의 질서가 주는 안정을 벗어나는 게 두려워서다. Y도 예외가 아닌 것일까. 그만하면 멋진 몸매인데도 그녀는 노출을 싫어했다. 밝은 곳에서는 좀처럼 맨몸을 드러내려고 하지 않는다. 구보 씨가 갑자기 불을 켰을 때 알몸이었던 그녀는 화들짝 놀라며 침대 시트를 끌어당겼다.

"아깝나, Y야. 너야말로 누드모델로 떡인데……."

구보의 농담을 Y가 차가운 시선으로 받는 바람에, 구보 씨는 황급히 다시 불을 끌 수밖에 없었다.

"넌 여전히 남성 위주의 시선으로 날 보는 거야. 난 그게 싫다구."

"엉? 어차피 나는 남자고 너는 여자잖아."

"그런 뜻이 아니거든. 대체 그게 철학자가 할 말이야? 니들은 항상 자신들이 필요할 때만 폭로니 탈은폐니 하고 떠든다구. 그러면서 실제로 이용당하고 유린당하는 사람들은 생각지도 않아."

"아니, 그건 오버센스야. 내 얘긴 때로 불필요하고 억압적인 틀이나 감싸개를 벗어던지고 자연스러움으로 돌아갈 필요가 있다는 거야. 인위적인 것에 대해 반성할 필요가 있다는 거지. 그런 반성에 남자나 여자의 구별이 있어야 하는 건 아니잖아. 내가 말한 여자, 남자는 자연스러움 속에서의 얘기일 뿐이라구."

구보 씨는 이렇게 말하면서도 아차 싶었다. 이런 식의 어설픈 변명이 그대로 통할 리 만무했다. 성(性)의 사회적 성격이니 젠더(gender)니 하는 얘기는 차치하더라도, 남성과 여성이 벌거벗음 앞에서 공평치 않다는 건 인정하지 않을 수 없는 현실이 아닌가. 잘못하다간 버티기 어려운 논란에 말려든다. 차라리 처음부터 스스로가 편견에서 자유롭지 않음을 수긍하느니만 못하다.

"자연스러운 남자와 여자는 없어."

Y는 단호했다. 그렇다. 엄격히 말하면 그럴 것이다. 그래서 우리는 벌거벗어도 진짜 자연스러움에는 도달하지 못하는 것인지 모른다. 하지만 그러니 더 찾아야 하는 것 아닐까. 그런 만큼 우리는 더

     철학자 구보 씨의 세상 생각

SEAN BIGGERSTAFF EMILIA FOX SHAUN EVANS MICHELLE RYAN
★★★★
FILM REVIEW
★★★★
DAILY EXPRESS
CASHBACK
A FILM BY SEAN ELLIS
18
DVD VIDEO
"SEXY BRIT-FLICK"
LOADED
UNIVERSAL

영화 「캐쉬백」의 타이틀

더듬고 더 갈구하게 되는 것이 아닐까. 닿을 수 없는 곳을 향하는 우리의 눈길과 손길이 그래서 더 절실하게 되는 것이 아닐까.

"그런 것도 니들의 속임수고 도피처야. 포착할 수 없는 것, 알 수 없는 것, 그렇지만 끝까지 포기할 수 없는 것——그 따위 말로 너네가 노리는 게 뭔지 생각해 봐. 결국은 눈에 보이는 문제를 덮고 회피하는 거야. 남자들이 여자의 몸이나 성을 노리개로 삼고 지배하는 현실, 그건 눈에 보이는 거잖아. 그런데, 왜 그런 문제를 놔두고 쓸데없는 얘기를 하는 거야. 그러니까 니들 철학자들이 자꾸 외면당하는 거라구."

"하하, Y야. 그렇게 흥분하지 마. 그런 면이 있겠지. 하지만 우리도 나름 진지하다구. 그리고 내가 누드를 얘기하는 건 성(性)의 대상화나 상품화, 그런 것하곤 상관없다는 걸 너도 잘 알잖아."

"아니. 솔직히 말하면, 잘 모르겠어. 네 말대로 히피들이 옷을 벗는 데에는 아마 진정성이 있을 거야. 그런데 누드모델은 좀 아니잖아. 그런 게 우리 삶을 얼마나 변화시키겠어? 옷을 벗어던지는 용기라구? 그런 건 차라리 동물보호운동을 하는 사람들의 누드 시위에서 찾는 게 나을 거야."

"그럼, 넌 나보구 누드모델의 꿈을 포기하라는 거야?"

"꿈? 그런 게 꿈이라도 돼? 그건 그냥 자족적인 냉소거나 유머야. 네가 그랬잖아, 유머라는 게 현실에 초연한 척해서 위안을 얻는 거라구."

　　　　　　　　　　철학자 구보 씨의 세상 생각

이크. 구보 씨는 이쯤 되면 입을 다무는 게 상책이다 싶었다. 벌거벗음에 대해 아직 할 말은 많지만, 이럴 때는 굳이 열을 올려가며 대드는 것만이 능사가 아니다. 올 여름은 유난히 덥다. 옷을 벗어젖히는 것만으로는 자연스럽게 넘기기 어려울지도 모르겠다, 라고 구보 씨는 여전히 벌거벗은 몸뚱이로 생각해 본다.

구보 씨,
다시 누드를 말하다

구보 씨가 벗는 걸 좋아하긴 해도 아무 때나 벗고 다니는 건 아니다. 그렇다고 옷에 크게 신경을 쓰지도 못하는데, 그건 구보 씨가 구(舊)세대라서 그런지 모른다. 구보 씨가 자랄 때만 해도 단정함 이상으로 옷차림에 관심을 갖는 건 그리 칭찬받을 일이 못 되었다. 옷을 잘 차려 입고 다닌다는 말은 겉치레를 앞세운다는 뜻, 내면이 실(實)하지 못하다는 뜻을 나타내기도 했다.

다 못살던 때의 얘기다, 라고 하면 분명 고개를 끄덕일 이유가 있다. 근검절약의 강조야 물자가 부족한 사회에서는 항상 있기 마련인 도덕의 기본 메뉴다. 내면의 가치 운운하는 것은 그 이면(裏面)의 보완물 격이다. 그런 가치가 실제로 있느냐 하는 건 천당이 실제로 있느냐 하는 것과 마찬가지로 현실에선 중요한 사항이 아

　　　　　　　철학자 구보 씨의 세상 생각

닐 수 있다. 겉으로 차려 입지 못하는 형편이라면 내면의 옷이라도
입혀야 하지 않겠는가.

구보 씨가 옷차림에 짐짓 무관심한 것에는 그런 '문명'의 세례
탓이 있을 것이다. 어떤 이의 옷차림 때문에 그 사람에게 끌린다는
건 일종의 현혹(眩惑)일 뿐이다. 우리는 겉모습에 놀아나서는 안
되고, 화려한 치장 밑의 진면목을 들여다볼 수 있어야 한다. 구보
씨가 자꾸 누드를 내세우는 데에는 이런 구시대의 교육이, 다시 말
해 산업화 이전의 낡은 이데올로기가 한 몫을 하는 것은 아닐까.

겉은 가짜고 속이 진짜다, 라는 건 본질주의의 구태(舊態)다, 라
고 해도 거기엔 고개를 끄덕일 이유가 있을 것이다. 물론, 겉과 속
을 나누고 현상과 본질을 나누어 생각하는 데에는 사태를 정리하
여 이해할 수 있게 해 준다는 이점이 있다. 하지만 그건 본질이 그
이름에 걸맞은 것일 때의 얘기다. 그 본질이라는 게 실재(實在)가
아니라 누군가의 편익(便益)에 봉사하는 것이라면 어찌 하겠는가.
본질이라고 내세운 것에 이미 이해관계가 묻어 있다면 어찌 하겠
는가. 삶의 의미, 역사의 의미, 의미의 의미 따위가 바로 그런 것이
라면 어찌 하겠는가.

"당신네 철학자들이 제시해 줘야 하는 게 그런 삶의 의미 같은
것 아냐?"

학교의 구내식당에서 만난 한 선생님이 반쯤은 힐난이 섞인 듯,
또 반쯤은 도움을 바라는 듯한 목소리로 물었다. 요즘 들어 머리가

박태원의 「소설가 구보 씨의 일일」의 삽화(이상의 그림)

부쩍 더 세버린 그 선생님은 이제는 사람들과 말을 섞는 것도 잘 내키지 않는다고 했다. 밥을 떠올리는 숟가락에도 별 의욕이 없어 보였다.

"에이, 그런 게 어디 있습니까. 다 양파 껍질 같은 거지."

구보 씨는 요령 있게 발을 빼고 싶었다. 사람들은 과연 삶의 깊은 의미를 찾고자 하고 그것이 여의치 않아 실망하거나 좌절하는가. 그렇기보다는, 일상의 일들이 잘 풀리지 않을 때 애꿎게 그 탓을 '삶의 의미'에 돌리는 것이 아닌가. 마음먹은 자리가 자신에게 돌아오지 않는다든지, 경제적으로 쪼들린다든지, 주변 사람들이 자신을 인정해 주지 않는다든지 하는 따위가 대부분 실제 원인이지 않은가.

  철학자 구보 씨의 세상 생각

구보 씨는 짐 자무쉬의 최근 영화 「리미츠 어브 컨트롤」의 한 장면을 떠올린다. 그 영화에선 거의 말이 없는 한 흑인 남자가 주인공이다. 그는 킬러다. 그 남자는 임무를 수행하러 가는 길에 여러 경로를 거치고 여러 사람을 만난다. 영화 속에서 비행기도 타고 기차도 타며 트럭도 탄다. 그런데 그를 목적지에 데려다 주는 작은 트럭의 뒷면에는 이런 글귀가 쓰여 있다.

"LA VIDA NO VALE NADA(인생에는 아무런 가치가 없다)."

"그 영화 첫머리엔 랭보의 시구가 나와요. 「취한 배」의 앞부분. '유유한 강들로 접어들자 이젠 선원들 없이도 될 것 같았어……' 암튼 재미있어요."

"구보 선생이 추천하는 영화는 대개 졸리더라구. 이 영화도 그렇겠지?"

"뭐, 보기에 따라선…… 어떻든 영화니까요."

"야한 장면도 있어?"

"누드 신이 있긴 한데, 야하진 않아요."

"그래?"

"요새야 누드라는 게 별 거 없잖아요. 그래선지 이 영화에선 투명한 비닐 옷만 걸친 여자가 나와요. 그 여자가 다 벗기도 하죠. 그게 그거니까…… 차이가 없다는 걸 보여주는 건지도 몰라요."

"일종의 허무야?"

"글쎄요, 허무도 여러 종류니까요. 게다가 순수한 허무란 건 없잖아요. 이 영화에서도 킬러가 결국 목표를 달성하거든요. 좀 황당한 방식으로긴 하지만…….”

“황당한 방식?”

“예. 상식적인 인과성을 뛰어넘어서요. 무장한 부하들이 밖에서 지키고 있는 건물 안의 보스를 죽여야 하는데, 어느 순간 킬러가 그냥 방 안에 들어와 있는 거예요. 어떻게 들어왔냐고 물으니까, ‘상상력’을 통해서라고 대답하죠. 뭐, 어차피 영화니까요. 어떤 걸 바라느냐는 게, 그 바라는 걸 표현한다는 게 중요한 거죠. 그런 점에서 이 영환 허무주의적인 건 아니에요. 오히려 원하는 바가 있다는 걸 강력하게 보여 주죠.”

“그럼 말이야, 구보 선생. 원하는 게 이뤄질 수 없는 경우는 어떤가. 도저히 이루어질 수 없다면 말이지. 그건 허무 아니야?”

“영화에서 말예요?”

“아니, 영화에서건 현실에서건.”

“글쎄요, 바라는데 이뤄질 수 없는 건 허무라기보다 슬픔이겠죠.”

“슬픔? 슬픔이라…….”

그 선생님은 좀 어두워 보이는 표정으로 고개를 갸웃했다. 하긴 바라는 것이 이루어질 수 없다고 해서 꼭 슬픔으로 귀착하는 건 아니다. 우리는 때로 분노하고 미워하기도 하니까. 그런 게 힘에 부치고 아무 소용 없다고 여겨질 때 찾아오는 게 슬픔일 거다. 장애를 물리치려는 반응의 표출이 분노라면, 극복하기 어려운 장애에

    철학자 구보 씨의 세상 생각

영화 「리미츠 어브 콘트롤」의 한 장면

부딪혀 나타나는 위축의 느낌이 슬픔인 셈이다. 물론 순수한 슬픔은 찾기 어렵다. 많은 경우 슬픔은 분노와 섞여 저주나 원망 따위를 낳는다.

슬픔이 진해지고 무거워지면 이루고자 했던 목표마저 삼켜버린다. 그래서 그것은 자칫, 있지도 않은 허무와 만날 수 있다. 그럴 때 그것은 치명적인 병, 죽음에 이르는 병이 된다. 그러나 생명을 위협하지 않는 대부분의 병이 상한 몸의 회복을 위해 휴식과 안정을 강요하는 것이듯이, 과도하지 않은 대부분의 슬픔도 장애와 손실에서 물러서 자신과 주위를 돌아보게 한다.

반면에 허무주의에는 여전히 분노가 묻어 있다. 허무주의는 파괴적 공격의 일환이다. 문제는 그 공격이 전방위적(全方位的)이라는 데 있다. 허무주의는 세상에 만연한 가식(假飾)과 위장(僞裝)을 들춰내지만, 수명이 다한 가치와 의미들뿐 아니라 때로 이제 막 자라나는 싹마저 짓밟는다. 허무주의자는 황량한 폐허가 이루어낸 평등의 지평에서 위안을 찾고자 한다. 세상이 허무(虛無)하다면 더 이상 억울해할 필요도, 더 이상 구차할 필요도 없지 않겠는가.

"그래, 우리 구보 선생은 어떤가. 요즘 즐겁게 잘 지내지?"

마주 앉은 선생님이 수저를 내려놓고 입 주위를 닦으며 묻는다. 어느새 이 양반도 이제 예순에 가까운 나이다.

"웬걸요. 저야 늘 슬프죠."

구보 씨는 멋쩍게 웃는다.

"그게 뭔 말이야? 요새 뭐하고 사는데?"

"그냥 책이나 읽고 있죠. 가끔 누드에 대해서 생각하고……."

"허허, 웬 누드? 누드라는 게 별 거 없다면서……."

"그러게 말예요. 혹시 그래도 아직 별 거 있는 누드가 있지 않을까 해서요. 저기, 「누드모델」이라는 영화가 있거든요. 벌써 한 20년쯤 전 영환데, 그거 4시간짜리 DVD를 다시 봤어요. 늙수그레한 화가가 젊은 여자 모델을 벗겨놓고 계속 그리죠. 이렇게도 그리고, 저렇게도 그리고, 그러다 포기하고, 또다시 그리고…… 그런 과정이 4시간 동안 이어져요. 그런데 그렇게 지루하진 않아요."

"그래서 그림은 완성하고?"

"그렇죠. 영화에선 완성하는 것으로 나와요. 물론 완성된 그림

　　　　　　　　　　　철학자 구보 씨의 세상 생각

을 보여주진 않죠. 화가는 그 그림을 벽 속에 넣고 발라버려요. 그리고 새로 그림을 그려 그걸 공개하죠. 진짜 그림은 영원히 숨겨진다는 얘긴데, 이런 아이디어는 사실 낡은 거죠. 발자크의 단편에서 따온 거라고 해요.”

“그게 다야?”

“그러니까요. 그게 다란 생각을 안 하게 하는 게 문제인 거죠. 겉치레를 다 벗겨내고 벌거벗은 몸에서 무언가를 찾아내는 거예요. 영화하고 별개로 말이죠.”

“허허…… 그래서 구보 선생은 뭘 좀 찾아냈어?”

“아직요. 찾아내면 말씀 드릴게요.”

“구보 선생도 진짜는 벽 속에 숨겨놓고 가짜만 말해 주려고?”

“하하, 그럴 수도 있겠네요.”

숨길 게 없으면서 숨기는 척하는 것은 사기겠지만, 이미 숨겨진 것을 끝없이 찾아다녀야 하는 수밖에 없다면 그렇게 하는 것도 역시 사기일까. 구보 씨는 그 선생님과 헤어져 혼자 걸으면서 생각했다. Y라면 두말할 것도 없이 그렇다고 하겠지. 하지만 언젠가 그녀도 생각이 바뀔 날이 있을 거야.

실재(實在)와 우리 사이에 넘을 수 없는 간극과 어쩔 수 없는 어긋남이 있지만 그걸 향한 추구를 포기할 수 없다고 이야기하는 거야 반복되는 진부함이라고 할 수 있지. 하지만 달리 어떻게 하겠어? 문명의 확장 사이클이 요즘처럼 문제를 키워갈 때 내파(內破)

의 싹이 눈에 띄게 자라지 못했다면, 반성의 수단으로 들이댈 수 있는 건 아마 이런 사고방식들일 거야. 그게 비루하게 현실을 좇는 구차함이나 무책임하게 외면하는 허무함보다는 낫지 않겠어?

벌거벗은 몸은 이런 모색의 메타포, 적어도 그 일부일 거야. 그렇더라도 오늘날의 누드에는 어떤 슬픔이 깔려 있어. 상업성에 물든 누드가 아니라고 해도 말이지. 일종의 비타협적인 슬픔 같은 것, 그게 누드의 정체처럼 여겨지는 거야. 그건 왜일까. 구보 씨는 잠시 걸음을 멈추고 어둑어둑해지는 하늘을 올려다보았다. 이제 막 차오르기 시작한 달이 벌거벗은 하얀 몸뚱이를 반쯤 드러내고 있었다.

   철학자 구보 씨의 세상 생각

구보 씨,
계속 누드를 생각하다

구보 씨는 검소한 편이다. 눈에 띄는 사치(奢侈)라고 할 만한 건 평생 해 본 적이 없다. 그럴 형편도 못 되지만, 그럴 마음이 생겼던 때도 거의 없지 싶다. 그거야 철학자라면 대부분 비슷하지 않을까. 더구나 구보 씨처럼 근검절약이 강조되었던 시대에 어린 시절을 보낸 사람이라면 말이다. 사치란 일종의 염치없음을 범하는 일이다. 다른 사람에 대한, 그리고 세상과 자기 자신에 대한 염치없음. 레비나스 식으로 말한다면 뻔뻔한 찬탈(簒奪)이라고나 할까.

그런데 근래에는 구보 씨에게 자그만 사치라고 할 만한 습관이 생겼다. 한 호텔 목욕탕에 드나들기 시작한 것이다. 요금이야 만 원이 채 안 되고 그것도 이러저런 할인을 받으면 5000원 남짓이니까 별 것 아니지만, 어떻든 시설이나 분위기로 보면 일반 목욕탕과

격이 다르다. 무엇보다 천장이 높고 돔 형식의 유리로 되어 있어, 실내에 갇혀 있다는 느낌이 적다. 채광이 자연스레 잘 되고 목욕탕 안에 김이 서리지 않는다. 더구나 노천탕도 있어 그렇게 춥지 않은 날이면 발가벗고 바깥 공기를 쐴 수 있다.

구보 씨는 발가벗고 활보할 수 있다는 즐거움에 한동안 이곳에 자주 들락거렸다. 무언가를 걸치는 게 아니라 벗어던지고 누릴 수 있는 사치라는 점이 마음에 들었다. 사실 최고의 사치란 이렇게 발가벗고 즐길 수 있는 것이 아닐까. 다른 어떤 것에도 얽매이지 않는, 물과 공기와 햇볕 아래 자유로운 몸과 감각. 구보 씨는 긴 의자에 발가벗은 몸을 누이고 눈을 감는다. 따사로운 가을 햇살에 온몸의 피부가 한 장의 눈꺼풀 같다.

이것이 사치인 이유는, 이러한 누림에는 조건이 필요하기 때문이다. 그리고 그 조건이 많건 적건 간에 배타성을 가지고 있기 때문이다. 그러한 한, 이 같은 발가벗음은 가짜일 수 있다. 목욕탕 안에서의 발가벗음은 진정 벗는 것이 아니라 오히려 목욕탕이라는 시설과 장소를 입는 것이다. 그래서 목욕탕 안의 사람들은 발가벗은 채 당당할 수 있다. 이때의 발가벗음은 벗겨냄이 아니라 덧붙임이다. 목욕탕에서 사람들은 때를 벗겨내지만 박탈감을 느끼지 않는다.

반면에, 박탈의 느낌을 수반하는 벌거벗음이 있다. 옷 입은 자들 앞에서, 옷 입은 자들의 장소와 그들의 시선 앞에서 벗고 있을 때가 그렇다. ‘벌거벗은 생명.’ 근자에 유행하는 조르조 아감벤의 용

   철학자 구보 씨의 세상 생각

어가 여기에 적절하다. 이런 벌거벗음은 갖추어야 할 것이 박탈되었음을 보여주는 부(負)의 표시다. 한 사회의 규칙, 제도, 권리 따위로부터 벗어나 있음을 지시하는 게 이런 벌거벗음이다. 옷 입은 자들은 이렇게 벌거벗은 자들과 자신들을 구별함으로써 스스로의 정상성(正常性)을 확보해 낸다.

이때의 벌거벗음은 무방비의 취약함을 보여준다. 그것은 털을 깎고 이빨을 뽑아버린 짐승의 모습과도 같다. 그 벌거벗음은 위험에 대해 직접 노출되어 있음을 뜻한다. 털 없는 피부 말고는 외부의 시선과 공격에서 우리를 보호해 줄 것이 아무것도 없다. 그래서 벌거벗은 자는 움츠리고 두려워하며, 무엇보다 수치심을 느낀다.

벌거벗음과 수치심 사이에는 벌거벗음을 감싸는 관념들의 피륙이 있다. 이 관념들은 맨 몸뚱이의 취약함을 감추고 가리는 장치들과 관계하여 짜인다. 그러니까 수치심은 우리의 취약함을 헤집는 시선과 관련이 있다. 수치를 모르는 자는 자신이 얼마나 취약한 지경에 놓여 있는지 모르는 자다. 도덕이란 우리의 취약함을 보완하여 덮는 속옷과 같은 것이므로, 이것이 찢기거나 헤졌을 때 우리가 강한 수치심을 느끼는 것은 당연한 일이다.

안드레이 타르코프스키는 수치심이 인류를 구원할 수 있을 것이라고 했다. 내가 그리고 우리가 얼마나 취약한지를 돌아보는 눈에 희망을 걸었다는 말이다. 그렇다고 해서 수치심을 통해 취약함이 완전히 극복될 수 있을 거라고 생각한 건 물론 아니다. 우리 스스로를 진정으로 돌아본다면 그런 생각이야말로 수치스럽게 여겨

영화 「솔라리스」(안드레이 타르코프스키 감독)의 한 장면

야 할 대상임을 알 수 있다. 수치란 아마도 인간이 영원히 극복할 수 없는 감정일 것이다.

옷 입은 이들은 벌거벗은 자들을 놓고 그들이 마땅히 수치심을 느껴야 한다고 생각한다. 자기들이 벌거벗겨 놓은 경우라 해도 말이다. 그들은 옷을 입고 싶어 해야 하고, 그럼으로써 수치심을 없애고자 해야 한다. 그렇게 해서 옷 입은 자들의 권위를 받아들여야 한다. 고문을 할 때 대개 제일 먼저 하는 일이 벌거벗기기인 것은, 고문을 당하는 이가 스스로 무력하며 박탈당했음을 절감하게 하기 위해서다. 자신이 사실상 노예의 처지에 있음을 확인시키고 저항의 의지를 꺾어버리기 위해서다.

그러니 스스로 옷을 벗어던지는 자들이 나타나면 옷 입은 이들

　　　　　　　　　　철학자 구보 씨의 세상 생각

은 당황할 수밖에 없다. 자신들의 옷이 그저 짜인 피륙에 불과하며 언제든지 벗겨질 수 있는 것임을 보게 되는 까닭이다. 옷을 벗어던지며 벌이는 시위가 때로 위력적인 것은 그래서이다. 실제로 박탈당하고 있고 실제로 벌거벗기고 있는 자들이 겉치레에 불과한 옷을 벗어던진다는 것은 사태를 적나라하게 보여주는 효과가 있다.

"그런 걸 발본적(radical) 파르헤지아라고 해요."

"파르헤지아라면 진실한 말하기라는 뜻인가요?"

"그렇죠. 알다시피 푸코가 말년에 자주 썼던 용어지요. 나는 그 걸 '노출'과 관련해서 쓰고 있어요. 스스로를 과감히 드러내는 것, 자신의 박탈당한 처지를 보여주는 건, 단순히 취약함에 노정되는 수동적인 게 아니라, 더 적극적으로 자신을 형성하는 능동적 계기가 될 수 있어요. 그러니까 아감벤처럼 벌거벗음을 소극적이고 부정적인 의미로만 쓰는 건 옳지 않아요."

"그런데 디나, 당신이 예로 든 요하네스버그 부근의 나체 시위는 결국 실패로 끝난 것 아닌가요? 잠시 동안만 불도저가 집을 허물지 못하게 하는 데 성공했을 뿐이고, 결국 그 여자들은 다시 옷을 입고 새로 지어준 집으로 들어가게 되지 않았나요? 그건 당신 말대로 일종의 스캔들이었을 뿐 아닌가요?"

"그렇지만은 않아요. 비록 당장의 저항은 잦아들었지만, 그 스캔들의 의미는 계속 남거든요. 그들은 대중 앞에서 수치를 범한 셈이고, 그건 그들과 그들의 사회에 대한 문제제기예요. 그 여자들은

디나 알 카심(Dina Al Kassim)

힘들고 고통스러운 나날들을 겪겠지요. 하지만, 그들의 경험은 사회의 통념화한 이야기 질서 속에 포섭되지 않기 때문에, 새로운 방식으로 자신과 자신을 둘러싼 세계를 구성해 나갈 바탕이 될 수 있어요. 적어도 그녀들은 사회가 자신들을 바라보는 시선을 체험했잖아요. 그 적나라한 노출은 자기 성찰의 조건이 될 거예요. 생각으로만 하는 성찰이 아닌 삶으로 꾸려지는 성찰 말이지요."

"그런 얘긴 얼핏 헤겔의 주인과 노예 변증법을 생각나게 하는군요. 죽음의 위협을 체험한 노예가 그 위협 앞에 전율하면서 오히려 자신의 삶을 뚜렷이 의식하게 된다는 이야기요. 그러니까 당신 말은 노출과 수치가 그런 역할을 한다는 거죠?"

"그렇다고 할 수 있겠네요."

"말하자면, 대상화와 거리두기를 통한 자기의식의 계기가 마련된다는 건데, 그렇다고 죽음의 위협을 체험한 모든 노예가 반란을

 철학자 구보 씨의 세상 생각

일으키는 것이 아니듯이, 모든 수치의 경험이 저항을 불러일으키는 건 아니잖아요."

"물론이죠."

"그렇담, 당신이 말하는 노출에 의미부여를 하는 데 큰 제한이 있을 법해요. 헤겔의 경우 노예에서 더 중요하고 적극적인 계기는 노동이잖아요. 그런 거에 해당하는 무엇이 필요하지 않을까요?"

"글쎄요. 내가 말하는 노출의 특성은 적극성에 있어요. 헤겔에서의 위협처럼 그렇게 주어지는 게 아니죠. 그래서 노출은 말하기와, 파르헤지아와 관련이 있다는 거예요. 아감벤이 말하는 '벌거벗은 생명'의 문제도 이런 말하기의 주체적인 면을 놓치고 있다는 거구요. 버틀러는 이 노출을 응답이나 책임과 관련지어요."

"버틀러라면, 주디스 버틀러 말이죠?"

"예, 주디스는 제 선생님이었어요."

"아, 그렇군요. 그런데 응답이나 책임이라면 레비나스 용언데…… 하긴 버틀러는 '상처입기 쉬움(vulnerability)' 같은 말도 차용해서 씁디다만……."

"네. 노출은 상처입기 쉬움을 무릅쓰는 행위죠."

"더 적극적으로 말하면, 상처입기 쉬움이란 모든 사람에게 해당되는 거죠. 옷을 입고 있더라도 말예요. 그건 단지 일시적으로나 미봉적으로 우리의 피부를 가리고 있을 뿐이고, 그래도 상처입기 쉬움은 항존하죠. 그러니까 옷은 우리의 피부를 가리면서 우리가 상처입기 쉽다는 사태를 가리고 있는 거구요. 레비나스라면 '노출'

이 이러한 사태를 깨우쳐주고 거기에 응답하게 한다는 데 동의할 거예요."

"그래요. 저도 레비나스가 노출과 벌거벗음에 대해서 많이 논의하고 있다는 걸 알고는 있어요. 언제 그런 얘길 좀 나누죠."

"예. 근데, 이번엔 부산에 어떤 일로 오셨나요? 지난번에 다녀가신 지 몇 달이 채 안 되었는데……."

"아, 이번엔 부산국제영화제 구경 왔어요. 캘리포니아 대학의 학생들 몇 명하구 같이요. 저랑 공부하는 한국 학생들도 좀 있거든요. 영화제 오시면 혹 극장에서 다시 만날 수 있을지 몰라요."

"그렇군요. 전 부산에 살면서도 가기가 쉽지 않던데…… 역시 제3세계 영화를 주로 보시겠죠? 그런데, 참, 이 목욕탕엔……?"

"네, 여기가 좋다는 얘기 듣고 잠시 쉬러 왔어요."

"어, 그런데, 여긴 남탕인데, 어떻게 들어오셨죠? 어라, 그러고 보니 다 벗고 계시네. 음마, 나두…… 어, 저기 Y도 있네. 그럼, 여기가 여탕이야?"

구보 씨는 흠칫 놀라 눈을 번쩍 떴다. 목욕탕 의자에 누운 채 잠시 졸았나 보았다. 벽에 걸린 시계를 보니 십여 분 잔 듯했다. 에이, 그런 꿈은 조금 더 꾸어도 괜찮은데…… 구보 씨는 못내 아쉬워하며 나른한 몸을 일으켰다.

철학자 구보 씨의 세상 생각

구보 씨,
여전히 누드를 말하다

아뿔싸, 벌써 11월이다. 세월은 나이만큼의 속도로 간다더니, 구보 씨도 제법 나이를 먹었는가 보다. 심장의 박동이 늦어지고 몸이 느려지면 상대적으로 시간이 빨리 지나가기 마련이라 한다.

포유동물의 평생에 걸친 심장 박동 수는 생쥐건 코끼리건 그렇게 큰 차이가 없다고 들었다. 코끼리가 생쥐보다 오래 살지만, 생쥐의 생체 리듬이 코끼리에 비해 빠르고, 그런 만큼 생쥐의 하루는 코끼리의 하루에 비해 길다는 얘기다. 어렸을 적 기억을 떠올려 보면 맞는 말 같기도 하다. 하루 종일 골목에서 친구들과 신나게 뛰어놀았어도 해는 뉘엿뉘엿 한참이나 서쪽 산에 걸려 있지 않았던가.

물론 그것보다는 기억할 만한 새로움이 별로 없는 것이 시간이

빨리 지나간다고 여겨지는 더 큰 이유겠다. 큰 변화가 없는 무미건 조한 시간은 지낼 때에는 지루하지만, 막상 지나고 나서 돌이켜 보면 어디 기억이 멈출 이정표나 매듭도 없이 초라하게 접혀 버린다. 반면에, 낯선 곳에서 긴장하여 지낸 나날은 유난히 길게 느껴지는 법이다. 그런 점에서 보면 평탄한 삶과 충일(充溢)한 삶은 양립하기 어려운 것인지 모른다.

어떻든 새로움과 낯섦에 대한 감수성과 호기심을 잃어간다는 것은 슬픈 일이다. 늙음이란 아마 그런 것이 아닐까. 무언가 새로운 것에, 또는 누군가 새로운 사람에게 다가가 보려 하다가도, 에이, 뭐 다 마찬가지겠지, 별다른 게 있겠어, 하고 돌아서 버리게 되는 일이 잦아지면, 그게 늙는다는 징표가 아닐까. 그것은 내부의 힘이 쇠잔(衰殘)해지고 있음을 보여주는 증거가 아닐까.

"애, 구보야. 너 또 혼자 청승이구나. 웬일이니, 이 좋은 곳에까지 와서."

낙엽을 밟으며 천천히 걷고 있던 구보 씨의 어깨를 Y가 탁 친다. 그러고 보니 Y는 확실히 젊다. 무엇보다 에너지가 넘치지 않는가.

"너는 내가 무슨 생각 좀 할라치면 꼭 방해더라. 이래서야 어떻게 괜찮은 생각이 나오겠니. Y, 넌 한국의 철학을 훼방 놓고 있는 거야."

"풋, 그런 철학은 백번 훼방 놔도 괜찮아. 철학이 무슨 사진틀 같은 거니? 폼 잡고 인상 쓰고 있으면 나오게?"

　　　　　　　　　　　　　철학자 구보 씨의 세상 생각

"그래도 Y야, 궁리하고 뜸 들이는 시간이 필요한 거야. 여기 운문사(雲門寺)의 마당도 봐. 이렇게 아름다운 가을 뜨락도 그냥 만들어지는 것은 아니거든. 단풍 한 잎사귀, 낙엽 한 장에도 한 해의 햇살과 나무의 공력(功力)이 깃들어 있으니까 말이야."

"구보야, 그러니까 하는 얘기라구. 이렇게 멋진 가을을 즐길 줄 알아야 한다는 거야. 그렇지 않을 바엔 한 해의 햇살이 다 무슨 소용이니?"

"누가 아니래? 나두 충분히 즐기고 있다구. 다만 그 즐기는 방식이 좀 다를 뿐이야. 넌 사색의 즐거움이라는 것두 모르냐? 주변의 정경(情景)에 어우러지는 생각과 거기서 나오는 리듬, 여기에 스스로를 맡기는 거야. 그게 바로 사유(思遊), 곧 사유(思惟)의 즐김이라구."

"후훗, 그러시구나. 그럼, 어디 그 즐김에 나도 좀 동참시켜 줘 봐. 왜 그런 말도 있잖아. 혼자만 즐기면 무슨 재민겨."

"헤…… 막상 그렇게 나오니까 좀 당황스럽군. 사실은 별 생각 안 했어. 늙음과 벌거벗음에 대해 막 생각하려던 참이었거든."

"윽, 또 벌거벗음이야? 넌 질리지도 않니? 여름에야 더워서 그랬다 쳐. 하지만 이제 쌀쌀한 바람이 분 지도 한참인데, 아직도 벌거벗는 타령이니? 쯔쯧……."

"Y야, 그건 네가 몰라서 하는 소리야. 요즘이야말로 벌거벗음의 계절이거든. 저 떨어지는 낙엽들을 좀 봐. 저게 벌거벗는 게 아니면 또 무엇이겠어? 저 벌거벗음은 말이야, 이를테면 미련 없는 털

어넘이고 버림이야. 그것을 통한 일종의 초월이지. 다른 단계로, 다른 국면으로 건너간다는 뜻에서 말이야. 그래서 이제 빛이 바래고 색이 변한 잎들의 모습이 저토록 아름다운 걸 거야. 그건 이제 다가올 벌거벗음이라는 겉보기의 부정성(否定性)에 바쳐진 자연의 경의(敬意)가 아닐까 해."

"하여튼 너네는 참 갖다 붙이긴 잘한다. 거기 초월이 왜 나오니?"

"사실, 그 초월이란 게 중요한 거야. 벌거벗음과 초월은 직결되니까 말이야. 옷을 입거나 감싸는 건 현재의 차원을 지키고 확충하는 거잖아. 반면에 벌거벗음은 현존의 한계를 보여주고 그 한계 너머의 무엇을 지시하는 것이라고 할 수 있어. 그래서 그건 단순한 결핍 이상의 것이 되는 거야. 벌거벗음은 단지 옷이 없음을 뜻하는 게 아니라는 말이지. 잎사귀들을 다 떨어낸 나목(裸木)을 생각해 봐. 그 벌거벗음이 잎사귀의 결핍에 불과한 걸까?"

"봄이 되면 잎사귀가 또 나잖아. 옷을 벗은 사람들은 옷을 또 입을 거고. 대체 거기 무슨 초월이 있다는 거야?"

"Y야, 그게 똑같은 잎사귀는 아니잖아. 단순히 옷을 벗은 게 아닌 벌거벗음을 당한 사람들이나 벌거벗음을 택한 사람들이 이후에 똑같은 방식으로 옷을 입는 것도 아닐 테고. 내 말은, 벌거벗음이 나름의 역할과 의미를 갖는다는 거야. 그건 현재의 한계를 드러내고 그 한계 밖을 지시한다는 거지. 잎을 떨궈낸 나무의 처지를 생각해 봐. 그 나무는 이제 나이테의 단단한 부분에 자리 잡은 채 새

철학자 구보 씨의 세상 생각

로운 도약을 준비하는 거야.”

“피이, 그게 무슨 초월이야. 그냥 다음 단계지.”

“음냐, Y야, 초월은 뭐 그렇게 거창한 것만 뜻하는 게 아니야. 우리가 현재의 테두리로 관장(管掌)할 수 없는 영역으로 가면 그게 초월이지. 초월이란 말이 원래 그런 거잖아. 초월(超越), 넘어서 건너가는 것. 우리가 받아들여야 할 새로움으로 들어가는 것. 벌거벗음은 그런 걸 준비한다는 얘기지. 그래서 벌거벗음은 생명의 견지에서 보면 에로틱한 거야.”

“에로틱? 초월에다 에로틱까지? 에구, 구보야, 드디어 네가 본색을 드러내는구나.”

“어, 뭐가 이상해? 원래 벌거벗음은 에로틱한 거잖아. 중요한 건 에로틱에 초월의 의미가 담긴다는 점이야. 근데 이것도 좀 살펴보면 진부한 얘기거든. 플라톤 시절부터 에로스는 현실을 넘어감을 뜻했잖아. 게다가 바타이유를 생각해 봐. 바타이유에게서 에로스는 자기 한계를 넘어서는 걸 가리켜. 애당초 성(性)이라는 게 개체의 한계를 넘어 새로운 개체를 창출하는 행위와 관련되는 거 아냐? 그럴려면 벌거벗어야 한다구. 옷 입은 채, 즉 자기를 단단하게 감싸고 고수한 채 새로움을 창출한다는 건 불가능한 일이야.”

“얼씨구, 점점…….”

“그리구 말이야, Y야, 에로틱이 매혹적인 이유는 바로 이 새로움에 있는 거야. 새로움이란 우리의 삶에 반드시 필요한 것이지만, 또 위험하고 낯선 것이기도 하거든. 매혹은 그 위험의 반대급부야.

우리가 사랑을 위해 위험을 무릅쓰는 건 사랑이 매혹이기 때문이지만, 거꾸로 매혹적이지 않으면 위험을 감내하지 않을 것이기에 사랑에는 매혹의 향기가 있는 것이란 말이지. 벌거벗음도 마찬가지야. 벌거벗는 것은 위험을 수반하거든. 자신의 한계를, 자신의 피부를 외부에 노출시키는 것이니까. 하지만 그래서 그것은 또한 매혹적일 수 있는 거야."

"아서라, 구보야. 네가 벗는 건 전혀 매력적이지 않거든."

"실은 바로 그게 문제야. 그게 늙음의 문제거든. 늙음은 이제 위험의 감내와 어울리지 않게 되었음을 뜻한다구. 벌거벗음의 매력을 잃어버리고 벌거벗지 못하게 되는 것, 그것은 새로움을 향한 지향을 접게 된다는 뜻이야. 늙음이 보수(保守)와 또는 수구(守舊)와 연결되는 것은 그 때문이지. 그러나 따지고 보면 이것도 정도의 문제야. 정말로 새로움과의 관계가 고갈된다면 그건 생명이 다함을, 즉 죽음을 뜻하는 것일 테니 말이야. 그러니까 우리는 그 전까지는 새로움의 추구를, 벌거벗음과 마주함을 완전히 포기할 수는 없어. 내가 나이 들어서 새삼스럽게 누드모델을 하겠다고 생각한 데에는 이런 면에 대한 자기 강제의 고려가 있었던 거라구."

"······."

"Y야, 너 드디어 내 말에 감복했구나. 이제 토를 달지 않는 것을 보니······."

"웅? 뭐라구? 아, 미안, 잠시 딴 데 정신이 팔려서 네 말을 못 들었어. 걷다 보니 어느새 소나무 길이네. 맞아, 여기가 유명한 운문

   철학자 구보 씨의 세상 생각

사의 소나무 길이구나. 예전에 유홍준이 아낙네의 늘씬한 벗은 다리랑 견주었던 그 소나무 길이지, 아마. 그러나저러나 어쩌냐, 구보야. 이 소나무들은 잎을 떨구지 않으니 말이야. 벌거벗질 않으니 초월하군 무관한 나무겠네. 그런데, 왜 유홍준은 이 나무들을 에로틱하다고 하면서 그 작은 눈을 게슴츠레하게 떴을까. 하여튼 오징어는 말려도 사내들은 못 말린다니까."

운문사 소나무

2장

구보 씨,
소통을 말하다

"네 말 하는 본새가 좀 이상하잖아. 지식인 나부랭이라니……."

"그럼, 아니야?"

"Y야, 그런 식으로 말하는 건 대화하자는 게 아니라 싸우자는 거라구. 감정이 실려 있는 말이잖아. 그래가지구는 소통이 안 돼. 기껏해야 자기만족적인 화풀이인 거지. 거기서 어떤 생산적인 결과가 나오겠어?"

"에그, 또 소통이야? 구보야, 너야말로 참 이상하다. 소통을 내세우는 게 무슨 만병통친 줄 아니? 고상하게 웃는 낯으로 얘기해도 소통이 안 되는 경우도 많고, 침묵하거나 화내는 게 소통의 효과적인 방편일 때도 있어. 그러니까 구보야, 세상에는 두 종류의 소통이 있는 거야. 소통을 떠들지만 진짜 소통엔 관심이 없는, 무지하거나 교활한 가짜 소통과, 소통이라는 정해진 틀에 매이지 않고 감정이나 생각을 나누는 진짜 소통. 고상한 가짜와 투박한 진짜. 구보야, 너는 어느 쪽이니?"
(88쪽)

구보 씨,
소통을 생각하다

비가 온다. 아침부터 부슬부슬 내리는 비로 세상이 안개 속처럼 뿌옇다. 이제 봄이 오려는가. 촉촉하게 땅이 젖고 마음도 따라 젖는다. 구보 씨는 비를 맞으며 잠시 걸어본다. 참 좋구나, 혼잣말을 되뇌며 하늘을 올려다보는 구보 씨의 얼굴에 작은 빗방울들이 싱그럽게 와 닿는다.

비 오는 걸 유난히 좋아하던 친구가 생각난다. 비만 오면 마냥 나가 뛰어다녔다. 장가가서 아이들을 낳은 뒤론 애들과 함께 빗속을 누볐다. 아이들도 아빠를 닮아 비를 좋아했다. 어지간한 날씨면 웃통을 벗어던지고 아이들과 빗속에서 물총싸움을 했다. 그는 오랫동안 강사 생활을 하다가 몇 년 전 처가 식구들을 따라 캐나다로 이민을 가 버렸다. 하긴, 그 친구에겐 그곳이 더 잘 어울릴지도 모른다.

비가 왜 그렇게 좋은데? 하고 물어본 적이 있다. 느닷없는 질문에 그 친구는 젖은 머리를 수건으로 털듯이 닦다 말고 구보 씨를 쳐다보며 씩 웃었다.

그냥. 비 맞으면 좋잖아?

구보 씨가 수긍을 할 수밖에 없었던 것은 아마 그 친구의 표정 때문이었을 거다. 거기에는 더 이상의 추궁을 무의미하게 만드는 무언가가 있었다.

지금이야 다르다지만 예전의 구보 씨에겐 비 맞는 것도 비 오는 것도 그리 달가운 일이 아니었다. 질척질척한 골목길과 스산하고 축축한 날씨가 뭐 그리 좋단 말인가. 구보 씨는 빗속으로 뛰어나가려는 충동을 느껴본 적도, 그러한 충동을 느끼는 심정을 진정 이해해 본 적도 없었다.

그러니까 구보 씨는 그 친구를 이해하지 못하면서도 수긍했던 셈이다. 이해하지는 못하지만 수긍을 한다? 언뜻 이상하게 들릴지 모른다. 하지만 살다 보면 그런 때가 적지 않은 법이다.

물론 이유를 따져 보지 못할 까닭은 없다. 이 경우엔 아마 진정성의 전달이 큰 역할을 했을 거다. 구보 씨는 비 맞기를 좋아하는 심정을 공감하지도 이해하지도 못했지만, 그 친구가 정말 비 맞기를 좋아한다는 건 알 수 있었다.

하지만 그런 앎도 일종의 이해가 아닐까? 그리고 그렇다면 이해하지 못하면서 수긍한다는 말은 잘못된 것이 아닐까?

그러나 그렇게 따지자면 대부분의 강제에도 이해가 수반된다고

　　　　　　　　　　　　　철학자 구보 씨의 세상 생각

해야 한다. 가령, 총을 들이대고 돈을 빼앗는 강도를 생각해 보라. 이런 상황에서 지갑을 털리는 사람은 강도짓을 하는 이가 내게 총을 쏠 수도 있다는 상황을 이해하고 그 처지를 받아들이는 셈이다. 하지만 그가 이 상황을 수긍한다고 할 수 있는가?

강도짓이 성립하기 위해서도 이해는 필요하다. 상대방이 강도가 무엇인지 이해하지 못한다면 강도 노릇조차 하기 어렵다. 그러나 강도를 당하는 상황을 이해하는 것과 강도짓을 하는 사람을 이해하는 것은 다르다. 게다가 그 사람을 이해하면서도 수긍하지 못하는 경우도 있고 이해하지 못하면서도 수긍하는 경우도 있다.

"구보야, 네 말은 앞뒤가 안 맞아. 강도의 경우에도 진정성이 있을 수 있잖아. 하지만 그렇다고 우리가 그 강도짓을 수긍할 수 있는 건 아니라구. 근데 넌 좀 전에 네 친구에겐 진정성이 있어서 수긍할 수 있다고 했거든."

Y였다면, 이런 식으로 끼어들었을지 모른다. 다행인지 불행인지, Y는 오늘 나타나지 않는다. 곁에 없어도 소리가 들리는 듯하니, 그녀는 정녕 무서운 존재다 싶다.

그러나 구보 씨가 보기에 Y와 같은 생각은 다분히 직선적이다. 진정성이라는 말을 그런 식으로 단순하게 받아들이면 곤란하다. 진정성이라는 말에는, 뭐랄까, 스스로가 어떤 사태의 참된 원천이 된다는 뜻, 그런 의미에서의 진짜라는 뜻이 들어 있다.

그래서, 강도의 진정성이라고 하면 아무래도 좀 어색하게 들린다. 어떤 사람이 스스로 강도짓의 참된 원천이 된다는 건 어째 좀 이상하지 않은가. 강도짓을 하는 사람은 보통 이러저러한 외적 이유 때문에 강도짓을 한다. 정말 그 사람의 내면에서, 그 사람의 본래 모습에서 우러나 강도짓을 하는 것이라면 그땐 강도의 진정성을 말할 수 있을지도 모른다. 하지만 그게 있을 법한 일일까?

구보 씨가 친구의 표정에서 받았던 것은, 아, 이건 진짜구나 하는 느낌이었다. 그런 건 어떻게든 전달되는 법이다. 무릇 소통의 기본은 여기에 있지 않을까.

얼마 전에 구보 씨는 소통 문제를 주제로 다루는 학회에 참석한 적이 있다. 이런 주제가 요즘 자주 거론되는 건 '소통 부재'라는 지적이 잔소리가 되어버리다시피 한 작금의 현실 때문이다. 아닌 게 아니라 그 학회에서도 정부의 일방통행을 질타하는 소리가 높았다.

정치나 정권의 차원만이 아니다. 사람과 사람 사이에서도 소통이 어렵다는 불평은 이 사회에 차고 넘친다. 아마 말이 부족한 탓은 아닐 것이다. 오히려 제각기 자기 말만 한다는 것이 문제다. 그러면서 모두들 듣는 미덕을 상찬(賞讚)하고 들어줄 귀를 요구하기만 한다.

각자의 처지와 됨됨이가 다른 만큼, 거기에서 서로 다른 소리가 나는 것은 어쩌면 당연한 일이다. 그러나 그 소리들이 공명(共鳴)에 이르지 못하고 불협(不協)을 깔아뭉개는 불도저 소리로 커가거

                                    철학자 구보 씨의 세상 생각

나 체념의 침묵으로 잦아드는 것은 무슨 까닭일까? 이 모든 일이 진정성이 없거나 부족해서 생겨나는 것일까?

그럴 수도 있다. 진정성이라는 게 결국은 공명을 일으키기 마련인 어떤 내면과 연결되는 것이라면 말이다. 수많은 미사여구보다 단 한 마디의 진정성 어린 외침이 더 큰 울림을 낳곤 하지 않는가.

그렇다면 그런 진정성은 어디에서 비롯하는 것일까? 공명하기 위해서는 같은 구조나 얼개가 필요하다. 소리굽쇠가 서로 공명하고 현악기의 줄이 서로 공명하듯이 말이다. 이런 점으로 미루어 보면, 진정성은 여럿이 공유하는 그 무엇에 바탕을 두어야 하지 않을까.

나만의 것이란 사실 진정한 것이 될 수 없을지 모른다. 독특하고 다른 것이 진정성을 가질 수 있는 것은 그것이 공통의 지반 위에 서 있을 때만이 아닐까. 그렇다면 구보 씨가 친구에게서 느꼈던 그 진정성의 기반은 무엇일까. 흔히 말하는 인간성이라는 그 막연한 것이었을까?

빠빵~

갑자기 뒤에서 클랙슨 소리가 울리는 바람에 구보 씨는 흠칫 놀라 뒤를 돌아보았다.

"얘, 구보야! 웬일이니? 이렇게 비를 맞고…… 어서 타."

Y다. 차창 밖으로 내민 얼굴에서 터져 나오는 쨍하는 목소리. 이번엔 진짜다.

"어머, 이 머리 좀 봐. 다 젖었네. 또 웬 청승이니?"

"Y야, 넌 꼭 내가 무슨 중요한 생각을 할라치면 나타나서 훼방을 놓더라."

"중요한 생각? 그게 뭔데?"

"지금 막 공통적인 것에 대해 생각하던 중이었어. 사람들이 중요하게 받아들이는 공통의 그 무엇……."

"공통적인 것? 중요한 것?"

"응, 사람 사이의 소통에서 중요한 것……."

"뭘 말하는 거야, 돈?"

"뭐야?"

"아니야? 그럼, 사랑?"

"이그, 내가 말을 말아야지. 운전이나 잘해."

"걱정 말고 그 손이나 좀 내려. 그렇게 팔을 창에 괴고 있으면 그쪽 백미러가 안 보인다구. 그리구 소통에서 중요한 거라면서 돈이나 사랑을 생각하지 않으면 대체 뭘 생각한다는 거야? 니들은 그래서 안 된다니까. 정작 중요한 건 빼놓고 고상한 척하면 누가 알아준대? 그래서 소통에 실패하는 거라구."

"내가 말하는 건 서로 다름에도 불구하고 소통할 수 있게 해 주는 공통적인 걸 얘기하는 거야. 설사 이해하지는 못하더라도 서로 수긍하고 용인할 수 있게 해 주는 그 무엇……."

"글쎄, 누가 뭐래? 돈이나 사랑이 그런 거야. 서로 다른 물건으로 바꿀 수 있는 공통적인 게 돈이잖아. 서로 이해는 못해도 거래는 되거든. 사랑도 그래. 서로 이해하지 못해도 사랑할 순 있거든.

철학자 구보 씨의 세상 생각

그리고 사랑만큼 소통에 핵심적인 게 어딨어?"

"그렇지만……."

"거 봐. 할 말 없지? 니들 철학자들은 일상적인 데서부터 다시 시작해야 돼. 그래야 소통이 된다구."

"잠깐, Y야, 정말 이해하지 못해도 사랑할 수 있는 건가? 그렇담 그건 왜 그렇지?"

"쯔쯧, 구보야, 전에 너도 나한테 얘기한 적 있잖아. 영화 「흐르는 강물처럼」의 끝 장면. 젊은 브래드 피트가 매력적으로 나왔던 그 영화 말이야. 말썽을 피우던 둘째 아들이 죽고 나서 아버지인 목사가 설교 때 말하던 거. 우리는 완전하게 이해하지는 못해도 완전하게 사랑할 수는 있습니다…… We can love completely without complete understanding…… 사랑이라는 게 원래 그런 거 아냐? 우리가 잘 모르고 잘 이해하지 못하는 것과 우리를 이어주고 엮어주는 것……."

구보 씨는 '그래. Y, 너와 나처럼 말이지?'라고 습관처럼 대꾸하려다가, 멋쩍게 그냥 웃었다.

하긴, Y말이 맞는지도 몰라. 돈과 사랑이라…… 소통과 공통적인 것에 대해 생각하려면 이걸 그냥 지나칠 수는 없겠지. 돈이나 사랑이 소통에서 어떤 역할을 하는지, 또 어떤 돈과 어떤 사랑이 소통을 가로막기도 하는지…… 그건 그렇고, 내가 이해하지 못한 채 받아들일 수밖에 없었던 그 친구와 나와의 관계는 뭐였지? 그것도 일종의 사랑이었을까?

구보 씨는 다시 차창에 손을 올리고 턱을 괴었다. 창 밖에는 아직도 뿌연 안개비가 거리를 적시고 있었다.

영화 「흐르는 강물처럼」의 한 장면

 철학자 구보 씨의 세상 생각

구보 씨,
계속 소통을 생각하다

자연은 정녕 불인(不仁)한가. 천지불인(天地不仁)의 글귀를 되새겨 보게 하는 요즘이다. 하기야 인(仁)이건 불인(不仁)이건, 인간사의 문제고 인간의 생각이지, 자연이야 무슨 상관이겠는가. 그렇더라도 우리는 알아서 자연을 섬겨야 할 처지다. 그 품에 깃들여 사는 건 우리이기 때문이다.

이것은 일방적 소통 관계라 할 만하다. 어쩌면 소통이라는 말이 적합하지 않은지도 모른다. 소통이란 서로 관계를 맺고자 하는 주체가 있을 때라야 성립할 것이기 때문이다. 자연을 그런 의도적 주체로 여길 수 없다면, 자연과의 소통이란 소통이라는 말의 비유적 확장에 불과할 것이다.

자연은 인간을 추구(芻狗)로도 여기지 않는다. 지푸라기 개 운운하는 것 역시 우리를 보살피지 않는 자연에 대한 섭섭함이 배인 인간의 반응일 뿐이다. 물론 이런 반응이 무의미하다는 건 아니다. 존 그레이(John Gray)라는 유럽의 학자는 Straw Dogs라는 책을 지어 인간의 자기중심성을 비판했다(이 책은 『하찮은 인간, 호모라피엔스』라는 제목으로 번역되어 나왔다). 지푸라기 개, 추구(芻狗)의 함의는 무엇보다 이렇게 인간의 겸손함을 깨우치는 데 있는 것 같다.

이런 점에서, 우리는 자연과의 소통을 자연을 매개로 한 인간의 소통으로 받아들일 수 있을 법하다. 자연을 통한 인간들 사이의 소통이거나 인간 자신과의 소통이라는 뜻으로 말이다. 자연이 인간에 대해 무관심하더라도 우리는 그런 자연을 염두에 두고 삶의 태도를 다져야 한다. 우리의 하찮음을 자각한 위에서 문명의 위세를 뽐내더라도 뽐내야 하지 않겠는가. 지진은 막을 길이 없더라도, 지진의 위험을 염두에 두고 건물도 짓고 산업시설도 만들어야 한다. 예상을 뛰어넘는 위험이 발생했다면, 거기에 맞추어 새로운 대책을 세워야 한다.

그런 대책마저 뛰어넘는 재앙이 닥쳐온다면 어떻게 하느냐고? 그거야 할 수 없는 일이다. 페름기에 있었다는 엄청난 기후변화나 백악기 말에 있었다는 유성 충돌과 같은 사태가 닥쳐온다면, 현재의 인간 능력으로서는 속수무책일 것이다. 하지만 그런 사태를 지레 우려하여 미리 손을 묶는 것은 우리에게 필요한 겸손을 넘어서는 짓이다.

다만, 우리가 여기서 다시 짚어볼 만한 것은 '자연의 인간화와 인간의 자연화'라는 식의 발상이 갖는 한계다. 맑스가 젊은 시절부터 내세웠던 이 명제는, 윤구병 선생 식으로 이야기하자면, '만드는 문명'의 소산이다. 워낙 만든다는 것은 일단의 완결성을 추구하는 활동이기에, 이런 모델에 따르는 사고방식은 자칫 폐쇄성과 전체성을 띠기 쉽다.

'자연의 인간화'가 만듦의 능동성을 표현하는 것이라면, '인간의 자연화'는 자연에 의한 인간의 변화를 받아들이는 수동적이고 열린 자세를 나타내는 것이라 할 수 있다. 하지만 이때 인간에게 영향을 미치는 자연이란 인간에 의해 변형된 자연이라는 점을 염두에 두어야 한다. 이런 교호작용은 결국 인간이 주도권을 쥔 활동과 환경의 상호관계를 뜻하는 것이다. 그러한 한, '인간의 자연화'는 인간이 환경을 매개로 스스로의 본성을 변화시켜 나간다는 귀결에 이르게 된다. 크게 보면, 인간이 세계를 만들고 그렇게 만든 세계를 스스로 의식한다는 서양 근대 문명의 틀, 이른바 자기제작과 자기의식의 도식을 그대로 받아들이고 있는 것이다.

구보 씨는 아직도 맑스의 『경제학 철학수고』며 「정치경제학 비판 서문」을 처음 읽었을 때의 흥분을 기억하고 있다. 이제 갓 스물이 되었을 나이에 그 내용은 충격이고 매혹이었다. 당시 한국 사회는 이제 막 본격적인 자본주의적 산업화의 진통을 겪고 있었다. 맑스의 테제들은 우리가 이르지 못한 합리적 사회의 이상(理想)과 거기에 이르는 과정을 가리기고 있는 듯했다.

물론 그렇다고 구보 씨가 이제 와서 보니 맑스가 틀렸다거나 과

거 맑스를 받아들인 것이 잘못이었다고 생각하는 것은 아니다. 각 시대에는 그 시대에 맞는 사상이 있는 법이며, 그런 점에서 맑스의 사상은 나름의 역할을 한 셈이다. 어떠한 사상도 자기 시대를 넘어설 수 없다면, 맑스의 사상 역시 예외가 아니다.

아직도 세상에는 '만드는 문명'이 한창이지만, 그 한계에 대한 지적은 이미 진부해졌다. 현대 철학의 주요한 흐름이 이 만드는 문명의 자기폐쇄성을 공격해 온 지도 오래다. 목적을 설정하고 설계도를 만들고 수단을 마련하고 공정을 시작하여 제품을 완성하는 일련의 과정들이 적어도 부분적으로는 큰 성과를 낳은 것이 사실이지만, 이 모델을 일반화하기에는 뚜렷한 한계가 있다. 근본적인 면에서 자연은 이런 식으로 움직이지 않는다. 더 따지고 보면, 사회도 그렇고, 사람도 그렇다.

그러나 제작 또는 생산이 모델로 자리 잡은 상황에선, 인간 삶의 거의 모든 영역이 이 모델에 따라 해석되고 처리된다. 경제는 물론이고, 정치나 이데올로기, 지식도 생산의 일종으로 여겨진다. 재료에 생산수단을 가해서 생산물을 만들어내는 구체적 과정은 각 영역마다 다르겠지만, 그 기본 형식은 비슷하다. 사람도 교육을 통해, 훈련을 통해, 일정한 형태로 생산되는 생산물로 취급된다.

물론 모두가 균일하지는 않다. 공산품에도 여러 규격과 품질이 있듯이, 사람에게도 여러 종류와 등급이 있기 마련이다. 때로 불량품이 나오는 것처럼 일탈적인 사람들도 나타난다. 그런 불량품을 처리하는 곳도 있다. 감옥이나 병원 따위가 그런 곳이다. 여기에도

     철학자 구보 씨의 세상 생각

나름의 생산과정이 작동한다.

이런 식의 '만드는 문명'에서는 역사도 인간의 생산물로 취급된다. 그 생산을 계획하는 것이 꼭 인간의 개별적 의식이어야 할 필요는 없다. 그것은 개개의 인간이 쉽게 포착하기 어려운 '보이지 않는 손'이나 '일반의지'일 수도 있고, '시대정신'이나 '이념'일 수도 있으며, '역사법칙'일 수도 있다. 어떻든 이 생산의 틀이 작동하는 것은 인간 집단에 의해서다. 그러니, 이 구조를 잘 파악만 한다면, 결과를 예상할 수도 있고 그 과정을 앞당길 수도 있다. 역사가 정말 일종의 만들기로 파악될 수 있는 것이라면 말이다.

사실, 근대 이후의 세계에는 이런 모델이 실제로 적용되어 온 셈이다. '만드는 문명'은 '기르는 문명'을 압도하고 잡아먹었다. 이제는 농작물도 가축도 기르는 것이 아니라 생산하는 것이 되었다. 사람도 마찬가지다. 소통은 이 생산과정에 종속되어, 그 수단의 일부로 취급받는다. 현재의 우리 사회는 이런 모델을 잘 따르는 모범적인 사례다. 만드는 공정, 그것도 반성도 검증도 결여된 급속한 만들기의 공정을 통해 온 땅과 물을 덮는 데 여념이 없었다. 소통은 이런 만들기의 효율에 봉사하는 한에서만 유의미한 것으로 대접받는다.

그런데 문제는 생산이 놓이는 곳에는 언제나 그 생산에 영향을 미치고 그 생산을 조건 짓는 바깥이 있다는 데 있다. 우리가 아무리 이 바깥을 차단하거나 무시하고 싶어 해도 소용 없는 일이다. 생산의 모델이 설정한 폐쇄성은 결국 깨지기 마련이다.

　현대 철학은 이런 생산의 모델이 불완전한 것임을 보여주고 더 나아가 모든 폐쇄적 체계는 불완전한 것임을 보여주려고 애를 써 왔다. 물론, 그 실질적 동기는 현실에서 드러난 생산 모델의 한계에서 비롯한다. 환경 문제가 그렇고, 공장식 사회주의의 실패가 그렇다.

　이런 맥락에서 보면, 환경 문제를 단순히 관리의 잘못이라고 생각하는 것은 또 하나의 잘못일 것이다. 그런 생각은 결국 자연을 우리의 통제 안에 놓을 수 있다는 사고방식의 연장이기 때문이다. 혹자는 환경 문제가 생산의 단위를 좁게 설정하고 그 생산과정이 환경에 미칠 영향을 고려하지 못한 탓에 생겨난 것이라고 볼 수도 있겠다. 그럴 경우, 이제는 그 단위의 범위를 넓혀 하나의 공장이 아니라, 하나의 사회, 더 나아가 하나의 지구에 이르기까지 생산이 작용하는 영역을 확장하여 생각해야 한다는 결론이 나올 것이다. 그런데 과연 그것이 맞는 생각일까? 오히려 우리는 우리가 궁극적으로 통제할 수 없는 지반 위에 자리 잡고 있다는 사실을 진지하게 다시 고려하는 데서부터 출발해야 하지 않을까?

　"그렇다면 네 말은 우리가 '기르는 문명'으로 돌아가야 한다는 거야?"

　Y가 못 참고 마침내 끼어든다. 그만하면 오래 참았다. 구보 씨는 이런 상황을 겸허하게 받아들이기로 한다. 어차피 우리는 우리가 뜻대로 통제할 수 없는 환경에서 살지 않는가.

　　　　　　　　철학자 구보 씨의 세상 생각

"아니, 꼭 그런 뜻은 아니야. 다만 겸손해질 필요가 있다는 거지. 사실 그건 기르는 문명의 장점이기도 해. 사람들이 곡식을 재배하는 데 힘을 쏟으면서도, 그 곡식을 내가 만든 것이라고 여기진 않았잖아. 자연의 생장에 조금 힘을 보태고 이용할 뿐이라고, 그래서 결국 우리를 먹여 살리는 것은 자연이라고 보았거든. 생각해 보면, 그게 옳은 태도 아닐까?"

"하지만, 구보야, 먹여 살리는 것만이 아니라 죽이기도 하는 게 자연이었지. 가뭄이 들거나 홍수가 나면 굶어죽고 휩쓸려 죽고 했던 것 아냐? 거기에 비하면 지금 형편이 훨씬 낫다는 건 분명해. 지진과 같은 재앙이야 예나 지금이나 어쩔 수 없는 거구. 아니, 어떻게든 지진 피해를 줄이고 있다는 면에서도 오늘이 낫잖아."

"근데, Y야, 당장 원자력 발전소 문제를 생각해 봐. 나는 이게 단순한 관리의 문제에 그치지 않는다고 보는 거야. 사람들은 흔히 원전 사고가 관리나 설비의 문제라고들 하지. 이를테면 미국의 드리마일 원전은 사고로 핵연료봉이 녹아내렸는데도 격납장치 덕택에 방사능 피해가 없었지만, 소련의 체르노빌은 그렇지 못했다는 거야. 그러나 지금 일본의 상황을 봐. 우리가 예상하고 대비할 수 있는 데는 한계가 있거든. 그러니까 어떤 장치도 관리만 잘 하면 된다는 식의 생각이 위험하다는 거지. 이건 결국 철학의 문제고, 현실적으로는, 원전과 같은 생산물을 대하는 태도의 문제라구."

"나도 원진은 너 못지않게 빈대해. 그런데, 그건 위험힌 먼이 있는 줄 알면서도 경제적 이유 때문에, 그것도 일부 사람들의 이해관계 때문에 건설하니까 반대하는 거야. 정말 안전하다는 확신이 들면 원자력 발전소건 핵융합 발전소건 그런 걸 만드는 게 왜 문제가 되겠어? 근데, 구보 네 얘기는 좀 다른 것 같아. 그건 마치 인간의 노력에는 한계가 있으니, 자연을 섬기는 태도를 가져야 한다는 것처럼 들려.”

“섬긴다구? 글쎄, 그렇게 표현할 수도 있겠지. 또 그렇게까지는 아니더라도 우리가 모든 문제를 해결할 수 있다고 생각하는 건 잘못이라는 거야. 우리는 기본적으로 자연에 의존해 산다는 점을 잊지 말자는 거지. 말하자면, 자연과 우리 문명의 비대칭성을, 자연의 우위를 인정해야 한다는 거야. 그게 자연과 소통하는 방식이고, 정확히 말하면 자연에 대하여 우리가 우리의 태도를 가다듬는 소통 방식이라는 얘기지.”

“자연의 우위? 겸손? 그런 게 과연 문제를 해결해 줄까? 그거 사실은 일종의 도피거나 무책임한 태도 아냐? 차라리 더 안전한 발전장치를 개발하려고 노력하거나 지진을 예측할 수 있는 연구에 진력하는 게 현실적이고 제대로 된 태도일 것 같은데…… 구보야, 미안한 말이지만, 내겐 여전히 너네들 철학자 얘기가 좀 공허하게 들려. 이것도 소통 부족이나 소통의 잘못 탓이니?”

“……”

“엥, 구보야, 또 그런 얼굴 하지 말고, 일단은 내 얘기를 겸허하게 받아들여야지. 그게 네가 곧잘 말하는 대로 타자를 대하는 기본적 태도가 아니겠어? ㅎㅎ……”

　철학자 구보 씨의 세상 생각

구보 씨,
여전히 소통을 생각하다

"세상에는 두 종류의 사람이 있어. 모든 걸 둘로 나누어 보는 사람과 그렇지 않은 사람."

구보 씨가 이런 말을 처음 들은 건 대학교 때였다. 항상 재기가 넘치던 한 선배로부터였다. 이런 말을 들으면 사람들은 자기가 어느 쪽에 속할까를 짚어보기 마련이다. 모든 걸 둘로 나누어본다는 건, 얼핏 생각하기에도 단순하고 마땅찮은 특성이다. 양분법이나 흑백논리처럼 좋지 못한 이미지가 떠오르기도 한다.

그래서 사람들은 보통 '나는 둘로 나누어 보는 쪽이 아니란 말이야'라고 생각하게 되는데, 그런 즉시 함정에 걸려들고 만다. 나는 둘로 나누어 보는 사람이 아니라고 생각하는 것은 이미, 둘로 나누어 보는 사람과 그렇지 않은 사람으로 사람을 양분하여 보는 사고방식을 전제하고 있는 셈이니 말이다.

사실 이건 배중률(排中律)이라는 논리적 법칙을 활용한 함정이라고 할 수 있다. 모든 것은 A이거나 A가 아닌 것이지 이도 저도 아닌 그 중간은 없다는 게 배중률이다. 이 A의 자리에는 어떤 것이 들어가도 괜찮다. 예컨대 모든 사람은 쥐를 닮은 사람과 그렇지 않은 사람으로 나누어진다고 해 보자. 이것 역시 참인 진술이 되지 않는가.

물론, 쥐를 닮은 사람이 적어도 한 사람 있는 한에서 그렇다. 또 모든 사람이 쥐를 닮은 사람은 아닌 한에서 그렇다. 사람은 모든 걸 세 가지로 나누어보는 사람과 그렇지 않은 사람으로 나눌 수 있다고 해도 마찬가지다. 세 가지로 나누어 보는 사람이 적어도 한 명 있고 또 모든 사람이 다 사물을 세 가지로 나누어 보지 않는다면, 그 진술은 참이다.

그런데, 세상에는 모든 걸 둘로 나누어 보는 사람과 그렇지 않은 사람 두 종류가 있다는 말에는 그런 단서가 없어도 된다. 그런 말을 하는 사람이 이미 사람을 둘로 나누어 보는 사람으로서 모든 걸 둘로 나누어 보는 사람의 예가 되기 때문이다. 이것은 거짓말쟁이 역설의 반대 경우라고 할 수 있다.

모든 사람은 거짓말쟁이라고 누가 말한다면 그런 말은 자기 배반적이 된다. 말한 사람도 사람이고 그래서 거짓말쟁이에 속하게 되기 때문이다. 반면에 세상에는 모든 걸 둘로 나누어 보는 사람과 그렇지 않은 사람 두 종류가 있다고 말하는 사람은 스스로 모든 걸

　철학자 구보 씨의 세상 생각

둘로 나누어 보는 사람의 예가 됨으로써 적어도 반쯤은 자기 말을 확증하는 셈이다.

물론 모든 사람이 사물을 둘로 나누어 본다면 이 말은 거짓이 된다. 그런 경우엔 세상에는 모든 걸 둘로 나누어 보는 한 종류의 사람만 있게 될 것이다. 그런데 그럴 리야 있겠는가?

사실, 이 말은 이 말을 듣는 사람이 자신은 양분법적인 사고를 하지 않는다는 생각을 하도록 유도함으로써, 나머지 한 종류의 사례를 간접적으로 제시하고 있다고 해도 좋다. 그런 다음, 자신이 양분법적인 사고를 하지 않는다는 생각 자체가 양분법을 전제하고 있다는 점을 깨닫게 해서 듣는 사람에게 머쓱한 웃음을 자아내게 하는 게 이 말의 전략이고 재미다. 배중률을 빠져나가기 어려운 것처럼, 이 말이 숨겨 놓은 함정에서 벗어나기도 어렵다.

실제로 우리는 둘로 나누어 보는 사고에 익숙하다. 일단 세상은 나와 내가 아닌 것으로 나눠져 있지 않은가. 게다가 내가 아닌 것도 내게 좋은 것과 내게 나쁜 것, 내게 유리한 것과 내게 불리한 것으로 나눠진다.

좋지도 나쁘지도 않은 흐리멍덩한 것들이 없지는 않지만, 그것도 집중적 관심을 받지 못하는 경우에 그렇지, 중요한 사안으로 떠오르면 도리 없이 내게 좋은 것과 나쁜 것 가운데 한쪽에 속하게 되기 마련이다. 그러고 보면, 세상사는 내게 중요한 일과 중요하지 않은 일 두 가지로 나눠지기도 하는 셈이다.

그런데 이렇게 내게 좋은 것과 나쁜 것으로 나누어 보는 사고방

식은 좋은 걸까, 나쁜 걸까? 이런 물음에 대해 바로 나쁜 것이라고
대답하면 또다시 함정에 걸려든다. 그런 대답 자체가 이미 모든 걸
좋은 것과 나쁜 것으로 나누어 보는 '나쁜' 사고방식을 받아들이는
것이기 때문이다.

이분법이 언제나 나쁜 것은 아니다. 좋은 경우도 있다. 진화심리
학에 따르면, 모든 걸 좋은 것과 나쁜 것으로 양분하여 보는 것은
오랜 기간에 걸친 적응의 산물이다. 자연적 삶 속에서는 어떤 것이
나에게 위험한 것인지 나에게 도움이 되는 것인지를 재빨리 판단
하지 못하면 생존하기 어렵다. 새로 나타난 놈이 먹이인지 천적인
지 친구인지 적인지를 분간하지 못해 우물쭈물하고 있다가는 순식
간에 당해서 거꾸러지기 십상이다.

세상에 어디 나쁘기만 한 것이 있겠는가. 또 어디 좋기만 한 것
이 있겠는가. 좋은 면이 있으면 나쁜 면이 있고, 나쁜 면이 있으면
좋은 면도 있지 않겠는가. 이렇게 생각하는 것은 여유 있는 상황에
서나 부릴 수 있는 사치다. 야생의 삶에서는 빠른 판단과 빠른 대
처가 생존을 좌우한다. 인류는 그 진화적 됨됨이가 형성되는 긴 시
간을 그런 환경에서 살아왔다.

그런데 지금 우리가 사는 곳은 야생이 아닌 문명 세계다. 여기
서는 원초적인 이분법이 오히려 장애가 될 수 있다. 그런데도 오랜
기간에 걸쳐 마련된 우리의 성향은 쉽게 지워지거나 통제되지 않
는다.

예를 들어 보자. 한번 내게 피해를 준 사람은 보통 미워하거나

   철학자 구보 씨의 세상 생각

피하게 된다. 아, 그때는 나름의 사정이 있어서 그런 것이었고, 실은 저 사람에게도 괜찮은 면이 많아. 생각은 이렇게 하면서도 한번 구겨진 감정과 마음은 쉽게 펴지지 않는다. 더구나 그런 마음은 당사자에게만 국한되지 않고 그 사람과 닮거나 유사한 특징을 지닌 사람들에게까지 연장된다.

자라 보고 놀란 가슴 솥뚜껑 보고도 놀라는 건, 어떤 면에선 유용한 반응 양태다. 솥뚜껑을 자라로 오인한 건 우스운 꼴일지 모르지만, 혹시라도 그게 솥뚜껑이 아니라 자라였다면 어찌 하겠는가. 일단 경계하고 주의해서 열 번 오인하는 것이 그렇게 하지 못해 한 번 물리는 것보다 나을 수 있다. 단, 이건 솥뚜껑처럼 숨어 있는 자라가 그렇게 드물지 않은 환경에서의 얘기다.

자라를 만날 가능성이 거의 없는 상황에서 둥그런 물건만 봐도 깜짝깜짝 놀란다면, 그건 곤란한 일이다. 이런 증상이 심할 경우엔 교정이나 치료가 필요하다. 심각한 충격이나 피해를 당한 사람은 그런 일이 마음에 남긴 상흔을, 이른바 트라우마를 쉽게 극복하지 못한다. 아픈 기억과 관련된 즉각적인 반응이 이유 없는 것은 아니지만, 현재 우리가 놓인 상황과는 잘 맞지 않는 경우가 많다.

그런 까닭에 우리는 직접적인 마음의 움직임이나 감정을 조절하려고 애쓴다. 감정적으로는 아직 개운치 않은 상대에게도 짐짓 마음을 열려고 노력하고 심정의 쏠림에 휘둘리지 않고 상황을 냉철하게 파악하고 평가하려고 자세를 다잡는다. 쉽지 않은 일이지만, 거의 본능적인 양분법을 극복하기 위해 의식적인 노력을 기울인다.

그런데도 우리는 양분법이 지배하는 현상을 쉽게 목도하곤 한다. 인터넷만 열어보아도 쉽게 확인할 수 있다. 세간의 관심을 모으는 사안에는 대개 호오(好惡)의 입장이 선명한 댓글들이 달린다. 소위 악플들에는 노골적인 혐오나 증오의 감정들이 드러나고, 내 편과 상대편이 전쟁터에서처럼 갈린다.

이것은 진화의 과정이 우리에게 남겨놓은 잔재라고 할 수 있을까? 우리가 일찍이 초기 포유류에서 물려받은 변연계(邊緣系)의 감정 회로를 신피질(新皮質)의 이성적 계산이 통제하지 못하는 결과라고 할 수 있을까?

선뜻 그렇다고 답하기에는 석연찮은 구석이 많다. 구보 씨는 어제 TV에서 본 토론을 생각해 본다. 으레 그렇듯 그 토론에도 말 잘하는 사람들이 나왔다. 최고의 교육을 받은 지식인들이고 대부분이 대학 교수다. 대뇌 전두엽의 잘 발달된 신피질을 훌륭히 활용하는 사람들이다. 그래도 의견이 선명하게 갈린다. 그래서 세상에는 다시 두 종류의 사람이 있는 것처럼 보인다. 고상하게 양분법을 사용하는 사람과 투박하게 양분법을 사용하는 사람. 도대체 왜일까?

"구보야, 세상엔 두 종류의 사람이 있어. 물어볼 만한 걸 물어보는 사람과 물어볼 만하지 않은 걸 물어보는 사람. 너 같은 철학자가 어디에 속하는지는 안 물어봐도 잘 알겠지?"

드디어 Y가 이죽거린다. 세상에는 두 종류의 여자가 있다. 손톱으로 할퀴는 여자와 말로 할퀴는 여자. 아니, 한 종류가 더 있다. 손톱으로도 할퀴고 말로도 할퀴는 여자. Y는 자신이 어느 편에 속하는지 알고 있을까?

"하지만 Y야, 그런 걸 궁금해하는 사람은 나만이 아니야. 또 철학자만 그런 것도 아니고…… 난 나름대로 진지하게 물음을 던지는데, 마치 쓸데없는 걸 물어본다는 식으로 그렇게 무시하려 들면 곤란하다구."

"엥, 진지하게 묻는 거라구? 설마…… 나도 교수나 언론인 같은 지식인들을 많이 만나 봐서 알지만, 그네들이라고 이해관계에서 자유로운 건 전혀 아니거든. 문제는 자연이냐 문명이냐가 아니라, 또 감정이냐 이성이냐가 아니라, 이해관계라구. 그건 맑스 이래 상식이잖아. 네 얘길 듣고 있다 보면 이렇게 뻔한 사실이 사라지고 지엽적이거나 부수적인 게 중요한 문제처럼 등장해. 그게 바로 지식인들의 전형적인 수법 아냐? 구보 너처럼 스스로는 미처 의식하지 못할지도 모르지만 말이야. 알량한 논리나 지식이 대단한 가치가 있는 것처럼 치장해야 너네들의 존립 기반이 마련되지 않겠어? 하지만 봐. 얼마나 많은 지식인들이 쉽게 말을 바꾸고 논리를 뒤집어 가며 자신의 이익을 좇아갔는지를. 그러니까 세상엔 두 종류의 사람이 있는 거야. 이해관계를 좇는 보통 사람들과 그렇지 않은 척하면서 역시 이해관계를 좇는 지식인 나부랭이들."

"어, Y야, 너 오늘 왜 그래? 무슨 일 있어?"

"아니. 왜, 무슨 일 있었으면 좋겠어?"

"네 말하는 본새가 좀 이상하잖아. 지식인 나부랭이라니……."

"그럼, 아니야?"

"Y야, 그런 식으로 말하는 건 대화하자는 게 아니라 싸우자는 거라구. 감정이 실려 있는 말이잖아. 그래가지구는 소통이 안 돼. 기껏해야 자기만족적인 화풀이인 거지. 거기서 어떤 생산적인 결과가 나오겠어?"

"에그, 또 소통이야? 구보야, 너야말로 참 이상하다. 소통을 내세우는 게 무슨 만병통친 줄 아니? 고상하게 웃는 낯으로 얘기해도 소통이 안 되는 경우도 많고, 침묵하거나 화내는 게 소통의 효과적인 방편일 때도 있어. 그러니까 구보야, 세상에는 두 종류의 소통이 있는 거야. 소통을 떠들지만 진짜 소통엔 관심이 없는, 무지하거나 교활한 가짜 소통과, 소통이라는 정해진 틀에 매이지 않고 감정이나 생각을 나누는 진짜 소통. 고상한 가짜와 투박한 진짜. 구보야, 너는 어느 쪽이니?"

   철학자 구보 씨의 세상 생각

구보 씨,
무상급식을 생각하다

오세훈은 구보 씨랑 나이가 비슷하다. 그럼 구보 씨도 정신 연령이 다섯 살인가? 뭐, 꼭 그렇게 볼 필요는 없다. 안철수도 구보 씨랑 나이가 비슷하지만, 그렇다고 구보 씨가 안철수처럼 머리가 좋은 건 아니지 않은가. 동년배라는 건 그저 살아온 시절과 나날이 같고 그래서 동질감을 느끼기 쉬운 조건이 하나 마련되어 있다는 데 지나지 않는다. 그런데 구보 씨는 오세훈과 동질감을 느끼기 참 힘들다. 차라리 오세훈보다는, 같은 오씨고 나이도 비슷한 오바마가 낫다.

구보 씨도 때로 한 똥고집 하는 편이지만, 오세훈의 똥고집에는 욕이 절로 나온다. 지가 시장이면 모든 시정(市政)이 제 뜻대로 흘러가야 한다고 생각하는 걸까. 자신의 견해와 판단에 확신이 있다

해도 시의회의 결정을 거슬러서까지 끝내 자기 생각을 고집하려 하는 건 시정이 아닌 다른 목적을 위한 것이라 보지 않을 수 없다. 하지만 그런 식의 태도로는 온갖 쇼를 다 동원해 봐야 그 다른 목적마저 이룰 수 없을 게 뻔하다.

구보 씨는 물론 그 따위 주민투표에 참여하지 않는다. 불행히도 구보 씨가 서울시민이 아닌 관계로, 불참한다고 내세울 수 없는 게 안타까울 따름이다. 그렇지만 이 일은 서울시민만의 문제가 아니다. 무상급식 논란은 그 사안 하나에 그치는 것이 아니라 이 사회를 어떻게 운영해 나가야 할 것인가 하는 방향과 직결되어 있다. 거창하게 말하면 역사의 흐름에 대한 철학적 이해와도 무관하지 않다.

구보 씨는 도시락 세대다. 알루미늄으로 된 사각형 도시락(그걸 당시엔 보통 '벤또' 또는 '변또'라고 했다. 일본어 べんとう에서 온 말이다.)을 가방에 넣어 들고 다녔다. 겨울이면 그 도시락을 조개탄 난로 위에 겹겹이 얹어놓고 데워 먹었다. 반찬이라야 시큼한 김치와 콩나물, (역시 일본어로 '뎀뿌라'라고 하던) 어묵 조각 정도였고, 달걀부침이라도 하나 얹어져 있으면 진수성찬인 격이었다. 도시락 통에서 반찬 국물이 흘러 책이며 노트가 젖는 일도 더러 있었다.

그래도 도시락을 먹는 시간은 즐거웠다. 중고등학교 때는 대부분 점심시간 전 쉬는 시간에 까먹어 버리곤 했지만…… 보통 두셋이 모여서 먹었는데 반찬이야 먼저 먹는 사람이 임자고, 때로 남의 도시락을 몰래 홀랑 먹어버리는 일도 있었다. 도시락에서 드러나는 빈부격차, 그런 게 없진 않았겠지만 심각하게 의식하지는 못했다. 다들 고만고만하게 못 살았으므로. 때로 도시락을 못 싸온 친구들이 있으면 나눠 먹었다. 국가적으로 쌀을 아끼느라 보리밥 혼식을 장려했고 그것 때문에 도시락 검사를 하기도 했던 시절 얘기다.

그러니 구보 씨는 무상급식뿐 아니라 학교급식이라는 걸 경험해 보지 못했다. 오세훈도 그랬을 것이다. 그래서 무상급식이 못마땅한가. 하지만 오세훈 말고는 다섯 살짜리 아이도 제가 경험하지 못한 일을 받아들일 줄 안다. 그렇지 못해서야 무슨 성장과 무슨 발전이 있겠는가. 오세훈이 보수의 아이콘을 자처하는 것도 웃기는 일이지만, 그렇게 발전을 거부하는 것이 보수라면 그 보수의 운명이 몰락이라는 건 보리밥 먹은 날 방귀가 잦다는 사실보다 더 명확한 일이다.

학교급식이 일반화하려면 경제의 뒷받침이 있어야 한다. 그건 맞다. 구보 씨가 지나온 시절을 돌아봐도 그렇다. 그런데 우리 사회에 학교급식이 일반화한 지는 이미 오래다. 물론 그전에도 단체급식이 이루어진 곳은 있었다. 대표적인 곳이 군대다. 하지만 이것이 무상급식이었다고 할 수는 없다. 군인들은 징병된 군인이건 자원한 군인이건 군인으로서 근무를 하는 것이고, 그래서 많건 적건 보수를 받는다. 군대의 급식은 근무의 필요 때문에 주어진 것이며, 따라서 공짜가 아니라고 할 수 있다.

그럼, 학생들은 어떤가? 학생들이야 일을 하는 것이 아니니 이들에게 공짜로 밥을 줄 이유는 없지 않은가? 이게 문제다. 사실 이런 생각이 낡은 것이고, 극복해야 할 잔재다. 그럼 어떻게 보는 것이 옳은가? 학생들은 미래의 잠재적 일꾼이고 배운다는 건 일을 하기 위한 준비니까 그 준비 기간 동안 사회가 이들을 부양할 필요가 있다고 해야 할까? 그게 맞는 얘길까? 아니다. 얼핏 그럴 듯하게 들릴지 모르지만, 이것도 아니다. 역시 낡은 생각이다.

이런 생각들에는 일하는 자만이 먹을 수 있다는 발상이 깔려 있다. "일하지 않는 자는 먹지도 말라"는 거다. 물론 이런 생각이 적합하고 진보적인 때도 있었다. 시민계급과 노동계급이 성장하고 노동의 중요성이 한껏 부각되던 시절, 봉건 귀족계급을 떨어내어야 할 기생충으로 취급하던 시절이 그랬다. 알다시피 초기 자본주의는 노동의 가치를 앞세우며 성장했다. 그러나 부르주아의 패권이 확립되면서 자본이 노동을 압도하는 가치의 근원으로 등장하게 된다. 돈이 돈을 낳는 사회가 정당화되는 것이다.

그러니까 이제 다시 노동의 가치를 전면에 내세워야 하는 것 아닐까? 노동이야말로 경제적 가치의 근원이고 노동하는 사람들이야말로 진정한 주체라는 점을 다시 부각시켜야 되는 것 아닐까?

그런데, 그게 그렇게 간단치가 않다. 노동이 여전히 중요한 인간 활동이라는 건 분명하지만, 노동의 양태가 변하고 있고 기존의 노동에 대한 수요가 줄고 있는 까닭이다. 이미 진부해진 '노동의 종말'에 대한 논의를 다시 들먹일 필요도 없이, 어느 사회에서나 중요한 문제로 부각되고 있는 것은 일자리 부족이다. 자동화와 정보

　　　　　　　　　철학자 구보 씨의 세상 생각

화 와중에서 줄어드는 일자리를 상쇄할 만큼 새로운 일자리를 만드는 일은 쉽지 않다.

여기서 생겨나는 심각한 문제가 있다. 일을 하고 싶어도 일자리가 없어 일을 하지 못하는 사람들이 늘어난다. 그리고 사실, 모든 사람이 예전처럼 오래 일할 필요도 없다. 이건 크게 보면 좋은 일이다. 인간 사회를 꾸려가는 데 필요한 전체 노동시간이 줄어든다는 것이기 때문이다. 일자리와 노동시간을 제대로 나눈다면 누구나 조금만 일하고 풍요로운 삶을 누릴 수 있을 법하다. 맑스가 꿈꾼 공산사회가 생각나지 않는가. 그러나 불행히도 실제의 현실은 그렇지 못하다. 생산적인 자리는 소수가 차지하고 많은 사람들이 잉여 취급을 당한다. 짐스럽거나 없어도 되는 존재로 전락할 위기에 놓이는 것이다.

우리나라에서도 안정된 일자리가 줄어들고 있는 것은 어제오늘의 일이 아니다. 이 때문에 생겨나는 또 하나 심각한 문제는 세대 간 갈등이다. 지속적 일자리가 늘기는커녕 줄고 있으니 새로 커 나오는 세대에게 돌아갈 몫이 턱없이 부족하다. 그나마 있는 자리는 기성세대가 차고 앉아 내놓질 않는다. 젊은 세대는 예전보다 더 심한 경쟁에 내몰리지만 그렇게 시달린 이들 가운데 극소수만이 상대적으로나마 안정된 직장을 가질 수 있다. 우리나라에 이른바 대기업 일자리는 모두 합쳐 200만이 채 안 되고 공무원은 100만 정도다. 이 가운데 매년 새로 나오는 일자리가 얼마나 되겠는가?

구보 씨는 요즘 TV에서 유행하는 오디션 프로들을 볼 때도 영

마음이 편치 않다. 사회의 단면을 그대로 보는 듯해서다. 연예인이
나 스포츠 선수는 각광받는 소수와 그늘에 묻힌 다수의 대비가 전
형적인 영역이다. 이것이 우리 사회의 모든 영역으로 확산되고 있
지는 않은가? 매번 다수의 탈락자를 만들어내는 이런 구조가 얼마
나 더 버틸 수 있을까? 조만간 이른바 88만 원 세대의 혁명적 반발
이 불가피하지 않겠는가?

"어휴, 답답해. 구보야, 그런 거랑 무상급식이 무슨 상관이니? 너
도 오세훈처럼 갈피를 못 잡고 옆으로 새는 거 아냐?"
"이크, Y야, 너 그럴 줄 알았다. 이제 조금만 기다리면 되는
데……."
"어수선하게 새롭지도 않은 얘기 늘어놓지 말고 그냥 핵심만 얘
기하면 안 돼?"
"모든 일엔 다 준비가 필요한 거야. 핵심을 건드리기 위해선 충
분한 전희가 필요하잖아."
"너 그렇게 까불다 혼난다. 오세훈만 욕하지 말고 너도 나잇값
좀 해라."
"쩝…… 어쨌든 내 얘기의 요점은 이제 노동만을 내세워 삶의
경제적 가치를 정당화할 수 없는 상황에 이르렀다는 거야. 노동하
지 못하는 사람들도 적극적이고 당당하게 자신들의 삶을 보장받을
수 있게 해야 한다는 거지. 보편적 복지의 정신이라는 것이 바로
그런 거라구. 이 사회에 사는 사람은 누구나 인간으로서 기본적인

　　　　　　철학자 구보 씨의 세상 생각

삶을 누릴 수 있어야 하고 그걸 권리로서 주장할 수 있어야 하며, 사회는 마땅히 그걸 보장해 줘야 한다는 얘기야. 시혜가 아니라 당연한 권리로 말이지. 그래야 1등 시민과 2등 시민, 생산적 인간과 잉여적 인간 따위의 차별이 생겨나고 확대되는 것을 막을 수 있다구."

"놀고먹는 사람한테두?"

"가능하면, 놀고먹는 사람한테두. 내가 아까 말했잖아. 일하고 싶어도 못하는 사람들이 많다구. 그리고 일을 안 하는 사람이 남들보다 더 풍요를 누리는 건 곤란하겠지만, 그렇지 않다면 누구나 당당하게 자기 삶을 살 수 있어야 해. 무엇보다 일에 대한 협소한 개념을 바꿔야 한다구. 자기가 좋아하고 보람을 느끼는 활동을 한다면 그게 다 일이잖아. 가령 노래를 부른다든지 그림을 그린다든지 연극을 한다든지 하는 것 말이야. 이런 활동을 통해 꼭 많은 사람이 소비하는 결과를 생산하지 못한다 해도 자기가 좋아하는 활동을 하는 사람이 기본적인 물질적 삶을 영위할 수 있게 해 주어야 한다는 거야."

"구보야, 그거 너무 나간 거 아냐? 아직 우리 사회가 그 정도 기반은 없잖아?"

"뭐, 그렇긴 해. 그러니까 그런 걸 준비하면서 교육 영역에서부터 생각을 바꿔나가자는 거야. 아이들이 누구나 차별 없이 밥을 먹을 수 있게 한다는 건, 이 사회에 사는 사람은 당연히 인간으로서의 기본 조건을 누릴 수 있다는 걸 체험하게 하는 거라구. 그러니까 이건 단순히 무상급식에 얼마가 들어가느냐 하는 식의 비용의 문제만이 아니야. 우리 사회의 미래를 어떤 방향으로 끌고 나가느냐 하는 철학의 문제라구. 오세훈은 이런 문제에 대한 철학이 없거나 잘못된 거야. 전혀 미래 지향적이지 못한 거지. 그런 면에서 오세훈은 꼴보수가 맞아."

"잠깐, 구보야. 넌 오세훈이랑 같이 도시락 세대, '변또' 세대라며? 무상급식은커녕 아예 학교급식도 못 받아봤다고 했잖아. 그런 환경에서 학교를 다녔으면 너도 낡은 제도와 관념의 세례를 받았을 거 아냐. 그런데 넌 어쩌면 그렇게 시대를 앞서가는 척, 진보적인 척할 수가 있어?"

"하하, 그게 바로 철학의 힘이라구. 믿거나 말거나 말이야."

철학자 구보 씨의 세상 생각

3장

구보 씨,
뱀파이어가 되다

뱀파이어는 늙지 않는다. 엘리는 백년 넘게 계속 12살이다. 그동안 얼마나 많은 호칸이 있었을까? 오스카가 트렁크에 담긴 엘리를 기차에 싣고 함께 떠나는 것으로 끝나는 이 영화의 마지막 장면은 그가 또 한 사람의 호칸이 되리라는 걸 강하게 시사한다.

무릇 뱀파이어란 뜻대로 되지 않는 세상의 산물이다. 엘리와 같은 뱀파이어 역시 뜻대로 안 되는 세상 살기의 한 방편이다. 우리는 뜻대로 안 되는 문제를 해결해 줄 수 있는 힘을 찾고 갈구하지만, 그러면서도 우리는 거기에 우리의 뜻과 어긋나는 대가가 따를 수 있음을 어렴풋하게 예감한다. 그것이 우리의 거의 모든 신화가 해피엔딩을 보장하지 않는 여운을 진하게 남기는 이유다. 뜻이 여럿인 세상을 뜻대로 사는 손쉽고 안락한 길은 없지 않을까.

그렇지, Y? 구보 씨는 웬일인지 한동안 소식이 없는 Y의 속뜻을 헤아리며 혼자 멋쩍게 물어보았다. (140~141쪽)

구보 씨,
뱀파이어를 생각하다

"여우가 닭 잡아먹는 게 죄냐?"

이건 박찬욱 감독의 영화 「박쥐」(2009)에 나오는 대사다. 뱀파이어가 된 태주(김옥빈 분)가 자신을 책망하는 상현(송강호 분)에게 내뱉는 말이다. 상현도 뱀파이어다. 그는 가톨릭 신부였는데, 수혈을 받고 뜻하지 않게 뱀파이어가 되었다. 인간의 피를 마시지 않으면 살 수 없는 처지지만, 가능한 한 다른 사람을 해치지 않으려 한다. 그래서 식물인간이 된 환자의 피나 자살하는 사람의 피를 받아먹는다.

반면, 태주는 자신의 욕망에 충실하고 당당하다. 그녀는 신선한 피를 위해 거리낌 없이 인간을 죽인다. 그녀는 뱀파이어고, 뱀파이어는 "인간을 잡아먹는" 존재다. 그렇다면 그녀가 인간을 죽이는 것이 무슨 잘못인가? 태주는 상현의 어정쩡한 태도를 비웃는다.

"너는 남의 피로 연명하면서 네 피 한 방울 나눠주는 건 그렇게 아깝냐?"

이것도 「박쥐」에 나오는 대사다. 눈 먼 노(老)신부(박인환 분)가 자길 뱀파이어로 만들어주길 거부하는 상현에게 하는 말이다. 그는 뱀파이어가 되어서라도 다시 이 세상을 보고 싶어 한다.

"그렇게도 보고 싶으세요? 이 캄캄한 세상이?" 상현은 그러한 욕망을 용납하지 못한다. 그는 자신의 피를 탐하는 노신부를 찔러 죽인다. "가서 쉬세요." 그러면서 상현은 그가 죽인 노신부의 심장에서 솟아나는 피를 빨아먹는다.

상현은 스스로의 욕망을 쉽게 저버리지 못하면서도 그런 욕망의 탐닉을 막으려 든다. 그는 뱀파이어지만, 윤리적이고자 하는 뱀파이어다. 그러나 뱀파이어가 정녕 윤리적일 수 있는가? 상현의 말과 행동이 블랙 코미디가 되는 바탕은 여기에 있다. 그는 비닐 팩에 피를 담아 냉장고에 두고 마시며, 이렇게 말한다. "조금 빨아먹다 버리는 건 일종의 인명경시가 아닐까?"

그런데 이런 블랙 코미디의 무대는 영화만이 아닐지도 모른다. 오늘날의 자본주의 사회가 뱀파이어 세상이라고 말하는 건 틀림없는 과장이겠지만, 돈을 탐하며 돈의 순환에 생명을 거는 인간들의 모습은 확실히 뱀파이어와 닮았다.

게다가 돈은 뱀파이어와 같은 초인적인 힘을 발휘하게 하지 않는가? 그것은 물질적 지배와 안락만이 아니라 깨끗한 피부와 성형

  철학자 구보 씨의 세상 생각

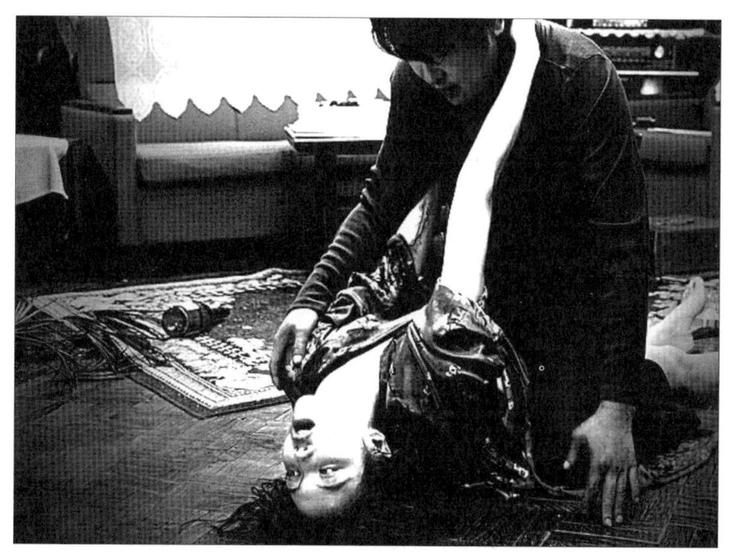

영화 「박쥐」의 한 장면

의 아름다움까지 만들어낸다. 돈의 위력을 가진 이들은 이제 인간 세상의 한 부류로 자리 잡는다. 「트와일라이트」 시리즈의 뱀파이어가 어둠과 경계의 영역에 머물지 않고 인간 사회에 당당히 모습을 드러내는 점도 예사롭지 않다.

닭을 잡아먹는 여우가 동네에 내려와 닭들과 동거하며 닭들을 관리하기에 이른 짝이다. 이런 상황에서 사람들은 닭이 아닌 여우가 되고자 한다. 기왕이면 멋지고 매력적인 뱀파이어가 되고 싶어한다. "뱀파이어면 어때?" 사람들은 피를 탐하는 「박쥐」의 노신부처럼 되뇐다.

구보 씨가 DVD로 영화를 여기저기 돌려보아 가며 여기까지 얼기설기 썼을 때다. 어느 틈엔가 옆에 와 있던 Y가 끼어든다.

"구보야, 너는 어떻게 영화를 봐도 그렇게 기괴한 영화만 보니? 그 박쥔지 생쥔지 하는 영화는 벌써 몇 번째 틀고 앉았는지 모르겠다. 참 취미도 괴상하다, 너."

"어, 미안. 시끄럽다면 헤드폰 끼고 볼게. 난 곧 이 영화로 강의도 하고 글도 써야 하거든. 이제 겨우 한 페이지 썼어. 강의 노트는 아직 시작도 못했고…… 근데, 그게 아니더라도 이 영화 진짜 볼 만한 영화야. 박찬욱의 대표작이라고 해도 좋다구."

"글쎄, 난 박찬욱 좋은지 모르겠더라. 그 사람 영환 어딘지 좀 구겨진 것 같애."

"하하…… 뭐, 그렇게 볼 수도 있지. 근데, 어딘가 구겨진 마음이 없다면 영화건 문학이건 불가능하지 않겠어? 구겨진 주름에 세상이 이렇게 또 저렇게 담기고, 그걸 풀어내는 데서 예술이 만들어지는 것 아닐까?"

"치, 그럼, 주름 많은 사람은 다 예술가겠네? 박찬욱은 그것도 아니고 이제 쉰이 다 된 얼굴이 뺀질 통통하던데?"

"유심히도 봤다. Y, 너 은근히 박찬욱 좋아하는 건 아냐?"

"아니라니까. 난 잔인하고 기괴한 장면들 싫어해. 그런 걸 왜 우리가 영화에서도 봐야 하니?"

"외면한다고 그런 면이 우리 삶에서 사라지는 것도 아니잖아. 오히려 그런 걸 극적으로 제시해서 우릴 자극하고 정화(淨化)하는 게 필요한지도 몰라. 거기서 새로운 아름다움이 탄생하는 것이고 말이야."

"기껏 뱀파이어가 그런 거야? 덜떨어진 서양 귀신이 피 빨아먹는 게?"

"Y야, 그게 꼭 그렇진 않다구. 뱀파이어를 이 시대의 상징으로 볼 수도 있어. 흡혈하는 기생적 존재, 어둡지만 창백한 힘과 매력을 지닌 존재. 이런 걸 자본으로 볼 수도, 자연에 대한 인간 자체로 볼 수도 있잖아. 게다가 원래 뱀파이어는 경계적 존재였어. 이런 존재에게는 정상적 존재에게선 찾기 힘든 갈등과 문제가 있다구. 생각해 봐. 뱀파이어는 인간의 형상을 하고 있지만 인간이라구 할 순 없어. 그렇다구 신이냐 하면 그것도 아니야. 네 말대로 귀신인 것도 아냐. 분명히 몸뚱이를 가진 생명체라구. 그러나 짐승이라고 할 수도 없어. 말하자면 일종의 괴물인 거지. 경계적 괴물. 그래서 이걸 어디에서부터 어느 각도에서 보느냐에 따라 흥미로운 얘기들이 나올 수 있는 거야. 박쥐라는 동물도 원래 경계적 존재잖아. 그런 점에서 이 영환 우리말 제목이 영어 제목보다 나아."

"영어 제목은 뭔데?"

"Thirst. 갈증…… 너무 평면적이지. 하긴 뭐, 저주스러운 갈증, 그런 정도의 뜻이고 이미지겠지만."

"저주스러운 갈증? 거기 저주는 왜 붙어?"

"Y야, 이거 뱀파이어 영화라구. 뱀파이어는 피를 마셔야 살잖아. Y 네가 뱀파이어가 됐다고 생각해 봐. 피를 빨아먹는 게 기꺼운 일이겠어? 근데 이걸 욕망 일반으로 해석할 수 있거든. 욕망이라는 게 대부분 희소성이 있는 대상을 향하는 거고, 그래서 누군가를 밀쳐내야 충족될 수 있으니까. 때론 억압하고 착취하고 해서 말이지. 그거 일종의 피 빨아 먹는 거라고 할 수도 있잖아. 그러니까 우리가 그렇게 살고 있고 또 만일 그렇게밖에 살 수 없다면 저주스러운 거지. 저주스러운 욕망, 저주스러운 갈증."

"구보야, 그건 정말 난센스고 오버센스야. 네 말은 우리 모두가 일종의 뱀파이어란 말이잖아. 그게 말이 돼?"

"내 참, Y야, 그건 내가 좀 전에도 했던 말이야. 넌 대체 내 말을 듣고 있기나 한 거니? 내가 그랬잖아, 뱀파이어를 자연에 대한 인간의 모습으로 볼 수도 있다고. 생각해 봐. 우리가 다른 생물들을 어떻게 취급하는지를. 꼭 사슴 피를 받아먹고 곰의 쓸개즙을 빼내 먹는 인간들만 뱀파이어가 아니라구. 인간이 동물을 사육하고 도살해 먹어치우는 방식은 정말 잔인한 거야. 뱀파이어가 차라리 고상할 정도지. 입가에 피 안 묻히고 점잖은 척 포크와 나이프로 식사를 한다고 해서 잔인하지 않은 건 아니야. 당하는 동물 입장에서는 더 기가 막힐 노릇 아닐까. 사람들이 사는 부근엔 사육당하는 동물 이외엔 대형 동물들이 남아나질 않아. 특히 육식 동물들은 거의 멸종이야. 경쟁자가 없는 뱀파이어가 인간인 거지. 그뿐만 아니라구. 인간은 인간도 사육하고 착취하잖아. 자기 욕망을 충족시키려고 말이지. 서로가 서로 피를 빨아먹는 거야. 그렇게 볼 수도 있잖아? 아닌 게 아니라, 이 「박쥐」라는 영화에는 서로 피를 빨아먹는

　　　　　　　　　　　　철학자 구보 씨의 세상 생각

장면이 있어. 상현이 제 피를 태주에게 먹이면서 태주의 피를 빨아 먹는 장면 말이야. 실은, 박찬욱이 이 영화를 처음 구상할 때 머릿속에 그려뒀던 장면이 바로 그거라는 거야. 그걸 중심으로 해서 영화가 만들어졌다는 거지. 재밌잖아?"

"재밌다구? 구보야, 넌 정말 이상해. 잔인하다고 하더니 재밌다는 건 또 뭐니? 잔인한 게 재밌다는 거잖아. 도대체 그게 정상적인 사람이 할 소리야? 박찬욱이나 너나 괜한 과장을 해서 잔인한 면을 만들어내고는 그걸 재밌다고 즐기는 거 아냐? 그건 가학 취미라구. 니들이 그런 취향을 가지고 있으니까 세상이 그렇게 보이는 거구, 다른 사람들도 그렇다고 여기는 거야. 니들이야말로 뱀파이어적 성향을 가지고 있으니까, 괜히 다른 사람들한테도 뒤집어씌우는 거 아니겠어? 안 그런 척하는 너희들도 다 뱀파이어다, 이렇게 세상에 대고 외치는 거잖아. 그거 꼬리 잘린 여우 심정인 거야."

"아니, Y야, 난 가학적인 걸 즐기는 게 아니라, 그저 그런 욕망의 굴레에서 어떻게 벗어날 수 있을까를 생각해 보는 거야. 박찬욱은 그런 걸 영화로 표현해 보는 거고…… 「박쥐」의 상현을 봐. 그는 자신의 처지에서 벗어나고 싶어한다구. 어쩔 수 없이 욕망의 수렁에 말려들어가면서도 거기에서 끊임없이 벗어나려 하지. 그가 악을 행하는 건 다른 악을 막기 위해서야. 가령 뱀파이어가 되려는 신부를 죽인다든가, 태주를 학대한다고 생각하고 강우를 죽인다든가 하는 일이 그래. 그리고 그런 게 더 큰 악을, 파국을 낳을 수밖에 없다는 걸 깨닫자 태주와 함께 목숨을 버리는 쪽을 택하지. 물론 내 얘긴 그런 결말이 좋다거나 필연적이라는 건 아냐. 중요한 건 그렇게 벗어나려는 자세와 시도가 있다는 거지. 그게 일종의 희망 아닐까. 저주받은 갈증으로부터 우리를 구원할 수 있는 희망 같은 거……."

"구보야, 내가 보기엔 욕망을 적대시하는 네 생각이 애초부터 잘못된 거야. 구원은 무슨 구원이니? 그건 병 주고 약 주는 것일 뿐야. 옛날부터 사람들을 죄인으로 몰아가는 작자들이 해 온 짓이라구. 욕망이 있으면 잘 충족시킬 길을 찾아야지, 억지로 억누르고 사람을 죄인으로 만들면 그게 없어지니? 사실은 그렇게 해놓고 뒷구멍으로 지들만 즐기는 놈들이 따로 있잖아. 구보, 너같이 정신 못 차리는 철학자나 괜히 구원이니 뭐니 하며 헛물켜는 종교인들이 거기 들러리를 서고 말이야. 그러니까 결국 사람이 구겨지는 거야. 박찬욱도 철학과 출신이지? 그것도 가톨릭 계통 학교를 다녔잖아. 그래서 사람이 건강하지 못한 것 아닐까?"

"어, Y야, 그거 인신공격이야. 그리고 근거 없는 얘기라구. 박찬욱이 철학 공부를 열심히 했다는 얘긴 들어본 적이 없지만, 그래도 철학과를 나와서 영화에 조금이라도 더 깊이가 있는 걸 거야. 박찬욱 영화는 생각보다 치밀하고 섬세하다구. 예를 들어 여기 이 장면도 봐. 장면 배치나 소도구 하나까지도 예사롭지 않아. 동양과 서양, 근대와 현대 따위를 섞어놓으려고 애를 많이 썼다구. 인간의 본성만이 아니라 우리 사회의 분위기에서까지 경계적인 면을 찾아 표현하려 한 거야. 한 오 분만 봐도 금방 알 수 있어. 자, 이걸

   철학자 구보 씨의 세상 생각

좀 볼래⋯⋯."

"됐거든. 구보야, 나 바쁘거든. 그리고 그 영화엔 볼 만한 남자 배우 하나 없이 다 구보 너처럼 칙칙한 애들만 나와서 관심 없거든. 그러니 너나 열심히 보셔."

구보 씨,
뱀파이어를 만나다

구보 씨는 비록 내세울 것 없는 철학자지만 그 나름의 줏대가 있어 세간의 유행이나 풍조 따위엔 쉽게 흔들리지 않는다고 자부하며 지낸다. 생각 없이 이리저리 휩쓸려 다니는 건 정말 철학자가 할 짓이 아니지 않은가. 하지만 그렇다고 요즘 말하는 트렌드에 하릴없이 뒤지기만 할 순 없다. 세태에 휩쓸리지는 않아도 그 물결이 어떻게 움직이는지에 무감해선 곤란한 까닭이다. 그래서 구보 씨에게는 오늘날처럼 트렌드를 말하는 것이 트렌드가 되어버린 상황이 오히려 궁구의 대상이다.

다소 뜬금없이 들릴지 모르지만, 구보 씨가 뱀파이어에 관심을 가지게 된 것도 이런 사태와 무관하지 않다. 하긴 요샌 뱀파이어도 트렌드의 하나가 되어버렸다. 혹자는 오늘날 뱀파이어 영화나 뱀

　철학자 구보 씨의 세상 생각

파이어 드라마가 '뜨는' 것과 세계적인 불황 사이에 연관성을 찾기도 한다. 불안한 시대일수록 그 어두운 분위기 속에서 초인간적인 영생의 힘을 갖춘 존재가 각광을 받는다는 것이다. 게다가 최근의 뱀파이어는 「트와일라잇」에서처럼 꽃미남으로도 등장하지 않는가.

하지만 철학자 구보 씨가 이렇게 피상적인 연관만으로 뱀파이어에 눈을 돌릴 리는 없다. 구보 씨가 뱀파이어에 주목한 건 꽃미남 뱀파이어나 검사 뱀파이어가 등장하기 전부터다. 그리고 그렇게 된 사정에는 이십세기 후반의 한 유명한 철학자가 관련되어 있다. 우리에게도 잘 알려진 질 들뢰즈가 그 사람이다. 그렇다면 들뢰즈와 뱀파이어, 이 둘 사이에는 어떤 관계가 있다는 말인가? 혹 구보 씨는 들뢰즈가 사실은 뱀파이어였다는 파격적이고 선정적인 주장을 하려는 것인가? 아니면 들뢰즈의 인상이 뱀파이어로도 전혀 손색이 없다는 점을 새삼스레 지적하려는 것인가?

그럴 리 없다. 철학자 구보 씨는 그렇게 황당무계한 주장을 할 사람도, 또 겉보기의 유사성에 그렇게 쉽게 현혹될 사람도 아니다. 비록 얄팍함과 꼼수가 판을 치는 세상에 살아도 구보 씨는 절대 그럴 사람이 아니다. 구보 씨가 들뢰즈와 뱀파이어를 관련짓는 것은 들뢰즈가 자신의 저서(정확히 말하면 가타리와 함께 쓴 저작들)에서 뱀파이어를 언급하고 있기 때문이지, 세간에 횡행하는 거짓말과 속임수에 의해서가 아니다. 들뢰즈는 뱀파이어를 철학적 논의에 끼워 넣은 보기 드문 철학자고, 구보 씨는 그의 말을 귀 기울여 들는 후대(後代)의 성실한 철학자일 뿐이다.

그런데 무릇 성실함은 혼자 힘으로 이뤄지지 않는다. 뱀파이어와 들뢰즈가 구보 씨와 엮이는 데는 페이스북으로 친구의 친구가 다시 친구가 되듯 매개 역할을 한 이들이 있었다. 사실 구보 씨는 원래 뱀파이어나 들뢰즈에 별 관심이 없었고, 그닥 호의적이지도 않았다. 몇 년 전, K가 소주잔을 기울이며 카프카와 뱀파이어와 들뢰즈에 대해 열변을 토하는 걸 듣기 전까지는 그랬다. 그러니까 뱀파이어는 카프카와 들뢰즈와 K를 거치는 인연을 통해(들뢰즈 식으로 말하면 땅 속의 감자 줄기와 같은 리좀적 연결을 통해) 구보 씨에게 이른 셈이다.

"카프카는 스물아홉에 펠리체를 처음 만났어. 친구 막스 브로트의 집에서 말이지. 그리고 그때부터 그녀에게 편지를 쓰기 시작한 거야. 거의 매일같이. 그리고 매번 답장을 요구했지. 당시 편지는 카프카가 살아나가는 힘이었어."

"대단하군. 굉장한 여성이었나 보지?"

"글쎄…… 사람은 보기에 따라선 누구나 다 굉장하지 않아? 펠리체 바우어의 사진이 남아 있긴 한데, 그 사진을 보면 미인이라고 하긴 어려워. 들뢰즈는 카프카가 오히려 펠리체의 근육질 팔과 육식동물 같은 큰 이빨에 매혹되었다고 하지. 카프카는 채식주의자였는데 말이야."

"들뢰즈라면, 철학자 들뢰즈 말이야?"

　　　　　　　　　　　철학자 구보 씨의 세상 생각

"맞아, 그 들뢰즈가 가타리와 함께 『카프카』라는 책을 썼잖아. 거기 나오는 얘기야."

"어, 그래? 나도 그 책은 대충 봤는데, 그런 건 기억이 안 나."

"니네 철학자들은 워낙 감성적인 디테일에 약하잖아. 하지만 나 같은 문학쟁이들한테는 그런 게 먼저 다가온다구. 매력이나 감흥은 논리 이전이고 또 논리 이상의 것이거든. 그런데 들뢰즈에게는 그런 게 있어. 하긴 들뢰즈는 이런 디테일을 흡혈이라는 개념과 연결시키지만 말이야."

"흡혈이라구? 흡혈이 개념이야?"

K는 구보 씨를 잠시 쳐다보다, 반쯤 남은 소주잔을 마저 들이켰다.

"때로는 음주도 개념인 거야. 그게 현실에 대한 어떤 관계를 읽어매 준다면 말이야. 술 마신다는 건 현실을 대하고 현실과 접촉하는 한 방식이잖아. 그런 점에서 음주는 오히려 살아 있는 개념인 거지."

"그래, 들뢰즈도 술에 대해 얘기하긴 하지. 정확히 말하면, 알코올 중독에 대해서…… 근데, 그건 좋은 거라고 하긴 어려워…… 그건 시간을 멈춰 자신을 딱딱한 껍질 안에 가두는 거고, 기껏 그 안에서 안온한 추억의 반복에 빠지는 것이거든. 들뢰즈 자신이 알코올 중독자였던 적이 있으니까 이런 상태를 그럴듯하게 표현하기도 했던 기지. 뭐, 그걸 개념이라고 할 수 있을지도 몰라…… 하지만 흡혈이라…… 그게 어떻게 개념이 되지?"

"아니, 알코올 중독 말고 그냥 술 마시는 거 말야. 알코올 중독이 야 일종의 도피지만, 일반적으로 술 마시는 건 그런 것만은 아니거 든. 대개 우린 혼자 마시지 않고 이렇게 같이 마시잖아. 그건 세상 을 담고 넘어서는 방편일 수 있어. 현실을 견디고 극복할 에너지를 주니까 말이야. 흡혈은 조금 더 처절하지. 에너지를 얻기 위한 공 포가 더 커. 술 마시는 데도 두려움이 있잖아. 우리는 사실 크고 작 은 두려움 때문에 술을 마신다구. 술과 술자리가 주는 쾌감은 확실 히 두려움을 상쇄하는 효과가 있지.

그러나 흡혈은 극단적인 두려움을, 공포를 수반해. 사람들은 드 라큘라나 뱀파이어를 공포스럽다고 여기지만, 실은 그런 존재가 세상에 있어서 공포스러워지는 게 아니라, 사람들이 세상에 대해 공포심을 갖기 때문에 그런 존재가 있게 되는 거야. 그렇잖아? 이 런 건 너희들이 말하는 이데올로기적 체험의 전형적인 효과거든. 아무튼 그래서 뱀파이어는 공포와 한 몸이야. 그들은 세상을 두려 워하지. 빛을, 십자가를, 마늘을 두려워해. 현재의 세상을 지배하는 질서를, 제도를, 처방을 두려워하는 거야. 그리고 그들은 항상 비루 먹었지. 살찐 뱀파이어를 본 적이 있어? 살찐다는 건 흡혈의 개념 에 어긋나는 거야. 흡혈은 공포의 산물이니까 말이야."

"뭐, 정말 말이 되는지는 모르겠지만 흥미로운 면이 없진 않군. 문학적인 개념도 개념이니까 말이야. 게다가 들뢰즈가 이미지를 활용하는 데 능한 철학자라는 점도 쉽게 인정할 수 있어. 그런데 카프카는 뭘 두려워했다는 거야? 들뢰즈와 가타리는 카프카를 오

    철학자 구보 씨의 세상 생각

이디푸스적으로 해석하는 데 반대하잖아. 하지만 실제로 카프카의 아버지가 억압적이었던 건 사실 아냐?"

"그건 그렇지. 하지만 펠리체와의 관계에서 카프카가 두려워한 건 무엇보다 결혼이었을 거야. 그리고 어쩌면 육욕의 관계고. 카프카는 펠리체에게 천 통에 가까운 편지를 썼어. 그러나 정작 만난 건 몇 번뿐이라구. 그리고 두 번이나 약혼을 했다가 파혼을 하거든. 나는 들뢰즈가 카프카의 편지를 흡혈과 관련지은 건 탁월하다고 생각해. 육식 동물에 대한 채식주의자의 흡혈. 이건 세상에 대한 카프카의 관계를 잘 형상화하고 있거든. 카프카는 세상의 살을 뜯어 삼킬 수가 없었던 거야. 그러기에는 이 현실이 너무 탐욕적이고 맹목적이며 공포스러웠던 거지. 그래서 그는 항상 출구를 꿈꾸면서 외설적 세상의 피부 깊숙한 곳에서부터 흡혈을 하는 방식을 택했던 셈이지.

너 혹시 우리가 어렸을 때 추송웅이 공연했던 「빨간 피터의 고백」이라는 연극을 기억해? 최근 홍상수의 「생활의 발견」에 나온 추상미가 그 딸이라구. 뭐, 몰라? 하여튼 너는 디테일에 문제가 있어. 어쨌든 그 「빨간 피터의 고백」의 원작이 카프카의 「학술원에 드리는 보고」잖아. 거기서 카프카는 원숭이의 입을 빌려 말하지. 그 대산 알지? '저는 자유를 원한 것이 아닙니다. 다만 출구를 찾았을 뿐입니다.' 카프카가 흡혈의 에너지로 연명하려 한 건 자기의 존재를 고수하기 위해서가 아니야. 들뢰즈 식으로 얘기하면 탈주하기 위해서라구."

물론 구보 씨가 그때 안주삼아 들었던 K의 이야기를 곧이곧대로 받아들였던 것은 아니다. 구보 씨는 나름 줏대 있는 인간이어서, 비록 술에는 취했어도 다른 사람의 견해에까지 쉽게 취하는 인물은 결코 아니기 때문이다. 아무리 맨정신으로는 감내하기 어려운 허다한 꼼수들이 판치는 세상에 산다고 해도, 구보 씨는 절대 그렇게 녹록한 사람이 아닌 것이다. 더구나 K는 석 달이 멀다 하고 주종(酒種)과 화제와 애인을 바꾸는, 줏대 없는, 또는 줏대가 여럿인 친구가 아니던가.

그래도 그 이후로 구보 씨가 뱀파이어에 관련된 사안을 그냥 흘려보지 않게 된 것은 사실이다. 예전 같으면 관심도 두지 않았을 뱀파이어 영화도 기회가 닿으면 챙겨 보고, 자기도 모르게 흡혈이라는 틀로 세상사를 해석해 보다 혼자 멋쩍어 하기도 한다. 그러다 보니 전에 보지 못했던 '디테일'이 눈에 들어오는 경우도 있다. 무엇보다, 주변에 뱀파이어를 닮은 인간들이 의외로 많다는 점에 구보 씨는 가끔 놀란다. 그들은 탐욕스러운 현실에 대한 공포와 선망을 모순적으로 품고, 두려움이 배인 웃음을 때로 수줍게 흘리지만, 그 웃음 사이로 깊게 감춰진 갈구(渴求)의 송곳니를 일순 번뜩이기도 하는 것이다.

게다가 간과할 수 없는 것은 뱀파이어적 현상이 증식하는 방식이다. 사실 이것이 뱀파이어와 트렌드 사이의 중요한 관계다. 뱀파이어는 자연적이거나 계통적으로 번식하는 것이 아니라 전염에 의해 늘어난다. (들뢰즈와 가타리는 이 점을 『천 개의 고원』이라는 책에서

     철학자 구보 씨의 세상 생각

추송웅 모노드라마 「빨간 피터의 고백」 초연 당시 티켓

도 지적하고 있다.) 뱀파이어는 부모가 뱀파이어라서 뱀파이어인 것이 아니다. 그들은 자신의 존재를 수직적으로 긍정하지 못하는 까닭에 자식을 낳지 않는다. 그러나 스스로를 절멸시킬 수 없는 흡혈의 욕망은 수평적으로 번져나간다. 뱀파이어는 생식세포에 의존하는 것이 아니라, 신경세포의 혈류를 타고 확산된다. 이들의 번식은 신경을 급속히 외장(外藏)하고 있는 오늘날의 문명을 배양액으로 삼는다.

고전적으로는 뱀파이어에게 물리면 뱀파이어가 된다. 오늘날 뱀파이어의 이빨은 기술적으로 세련되어서, 사람들의 눈망울이 공포와 욕망으로 번뜩이는 순간 미세한 빨대처럼 그들의 목덜미에 파고든다. 인터넷은 그 좋은 매개체다. 카프카가 오늘에 살고 있다면, 그는 자못 심각한 〈나꼼수〉와 같은 이메일을 매일 밤 수많은 펠리체의 목덜미에 박아 넣고 있을지 모른다. K, 그도 위험하다. 그는

능히 뱀파이어의 그런 방식에 전염됐음직한 인물이다. 그러나 구
보 씨는 다르다. 구보 씨는 나름 줏대가 있는 철학자라서, 결코 그
런 일에 휩쓸릴 사람이 아닌 것이다. 알겠지만, 이것은 새빨간 거
짓말이 절대 아니다.

구보 씨,
뱀파이어가 되다

아벨 페라라 감독의 영화 「어딕션」(1995)은 널리 알려지진 않았지만 철학과 관련해서 특기할 만한 영화다, 라고 구보 씨는 생각한다.

우선 여주인공 캐서린(릴리 테일러 분)이 박사논문을 준비하는 철학과 대학원생으로 나온다. 철학을 전공하는 인물이 영화에 등장하는 경우는 종종 있다. 그러나 대개는 현실과 동떨어져 있음을 나타내기 위해서다. 철학 교수나 철학과 학생은 어딘지 어설프고 몽상적인 캐릭터인 경우가 많다.

하지만 이 영화에서 캐서린은 현실에 대해 진지하게 고민하는 인물로 나온다. 그녀에게 철학은 배경적 장치에 불과한 것이 아니라, 현실에 대해, 특히 현실의 참혹한 모습에 대해 묻고 답하는 실질적 통로다. 영화의 첫 장면은 월남전의 참상을 보여주는 사진들로부터 시작한다. 중간엔 홀로코스트의 장면들도 비춰진다. 이 악행은 어디에서 비롯하며 또 누구의 탓인가?

영화가 내놓는 답은 '중독(어딕션)' 때문이라는 것이다. 우리는 사실 악에 물들어 있고 악행의 공모자인데, 중독에 의해 무감각해져 있을 뿐이다. 평범한 미국 시민이 낸 세금이 월남 전쟁을 위해 쓰였고 또 이라크 전쟁을 위해 쓰이지 않았는가. 우리라고 해서 다를 바 없다. 우리도 이미 약자를 침탈하고 핍박하는 데 알게 모르게 한 몫을 하고 있지 않은가.

영화는 이런 면을 극적으로 보여주기 위해 뱀파이어를 끌어들인다. 어느 날 캐서린은 뱀파이어에 물려 뱀파이어가 된다. 그녀는 괴로워하지만 중독된 자신의 욕망을 떨쳐버릴 수 없다. 당당하게 맞서 대항하지 못하고 두려움 때문에 목을 내맡긴 탓이다.

"나를 똑바로 봐. 그리고 말해. 꺼지라고. 애원하지 말고, 당당히 말을 해."

"제발, 제발……."

"겁쟁이. 너도 공모자야."

이 영화에 따르면, 우리는 비겁함 때문에 중독된다. 아니, 이미 중독되어 있지만 비겁함 때문에 이를 직시하고 떨쳐버리지 못한다. 그렇다면 이제 우리는 어떻게 해야 하는가? 자신을 똑바로 보는 것으로부터 시작해야 한다. 우리 자신이 뱀파이어임을, 남의 피를 빨아 살아가고 있음을 깨닫는 데서부터 시작해야 한다. 그것이

　철학자 구보 씨의 세상 생각

영화 「어딕션」의 한 장면

다시 태어날 수 있는 길, 부활하고 구원받을 수 있는 길이다.

이런 귀결이나 메시지는 사실 상투적이고 진부한 것인지 모른다. 그리고 이런 식으로 이 영화를 요약하고 마는 것은 아마 이 매력적인 흑백 영상물의 가치를 훼손하는 일일 것이다.

"나는 그 영화 별루야. 지나치게 사변적이라구. 네 말대로 흑백으로 찍었기에 망정이지 컬러 영화였다면 진짜 어색했을 거야. 무엇보다 웬 실명조의 대사가 *그렇게* 많아. 니체에, 키르케고르에, 사르트르에, 포이어바흐에, 또 뭐야, 결정론이 어쩌구, 윤리적 상대주의가 어쩌구, 게다가 영원이니 구원이니…… 어휴, 그럴 바엔 차라리 논문을 쓰지."

"어, Y야, 그래도 이 영환 평이 좋았다구. 통찰이 훌륭하잖아. 뱀파이어에 대한 해석도 흥미롭고. 박찬욱의 「박쥐」가 칸에서 상 받을 때, 사람들이 비교하여 거론했던 영화가 이거라구. 괴로워하는 뱀파이어의 모습이 닮았거든. 뱀파이어의 이빨을 과장되게 표현하지 않는다든지, 주사기로 피를 빼서 흡혈한다든지 하는 것도 이 영화에 먼저 나와. 말하자면, 우리를 뱀파이어로 해석하는 작업의 선구라는 거지."

"그것도 웃겨. 전에도 말했지만, 우리가 왜 뱀파이어니? 그렇게 보는 건 사람들을 저주받은 운명으로, 죄악에서 벗어날 수 없는 존재로 만들어 놓는 거야. 그러구선 거기다 회개니, 용서니, 구원이니, 온갖 그럴싸한 말들을 들이대는 거잖아. 전에 어떤 다큐 보니까 이탈리아 베니스에서 입에 돌을 물린 채로 파묻힌 유해가 발굴됐는데, 그게 흡혈귀 취급을 받고 죽은 여자 유골이라는 거야. 뭐, 죽은 자가 피를 빨아먹고 다시 살아나지 못하게 하는 거라나…… 기가 막힐 일이잖니? 그거 마녀 사냥의 일환 아냐? 페스트 같은 전염병이 도니까 뒤집어씌울 희생양이 필요했던 거고, 그래서 애꿎은 사람들을 뱀파이어로 몰아서 죽인 거라구. 그러니까 구보야, 그 뱀파이어에 대한 집착 좀 집어쳐. 재수 없다구."

"근데, Y야, 그렇게 단선적으로 볼 필욘 없지 않을까. 네 말대로 뱀파이어엔 원래 그런 면이 있어. 뱀파이어는 경계 밖으로 밀어내

　철학자 구보 씨의 세상 생각

야 할 경계 외적 존재였던 거야. 하지만 그건 체제 내적 관점에서
지. 그런 견지에서는 뱀파이어 같은 괴물이 체제의 선이나 순수와
대비되는 악과 오염의 역할을 떠맡게 되는 거야. 하지만 관점을 바
꿔서 생각해 봐. 이제 그런 체제 자체가 문제거든. 더 이상 문제를
밀쳐내 바깥의 적에게 덮어씌울 수 없단 말이야. 그런 식의 호도
(糊塗)로는 위기만 더 키울 뿐이라는 점이 분명해졌다구. 그럴 때
어떤 일이 벌어지겠어? 밖으로 밀어냈던 악이 반향(反響)하여 내
적인 것으로 삼투(滲透)하기 시작해. 내부의 균열과 재평가가 생겨
나고 말이지. 우리가 밀어냈던 그 악은 바로 우리 내부에 있는 것
아닐까? 우리의 배타(排他) 자체가 그 악의 주술(呪術)이었던 것은
아닐까? 이런 반성이 일어나는 거야. 그리고 그 반성은 선악의 구
분 자체에까지 이르게 되지. 말하자면 이런 거야. 이전의 배타가
‘악’을 내던지고 그럼으로써 바깥을 지시하는 것이었다면, 적어도
그렇게 지시된 바깥의 일부는 그 배타의 악을 열어젖히는 힘을 담
고 있지 않을까? 그런데 이런 전환에는 당연히 뱀파이어도 포함된
다구. 그렇지 않겠어? 가령 들뢰즈가 뱀파이어를 다루는 걸 좀 봐.
거기에는 자연스레 ‘악’의 문제가 결부되는 거야. 물론 그 ‘악’은
이제 더 이상 기피의 대상이 아니지. 일종의 전도(顚倒)가 일어나
니까 말이야.”

　“구보야, 내 생각엔 네가 뱀파이어 같애. 뭐? 전도? 맞아, 딱 그
래. 전도된 뱀파이어. 옛날 뱀파이어는 너처럼 그렇게 말이 많지
않았거든. 거칠든 부드럽든 그저 조용히 물어뜯었지. 차라리 그게

더 나았는지도 몰라. 요즘 뱀파이어는 왜 이렇게 말이 많은 거야. 뱀파이어 이빨이 정말 '이빨 까는' 이빨이 된 거 같아. 「박쥐」의 송강호도 봐. 첨부터 중얼중얼, 무슨 기돈지 뭔지, 말도 안 되는 소리를 되뇌고, 「어딕션」에서 그 여자도 아주 연설을 하잖아. 거기 나오는 치들은 다 그래. 중간에 남자 뱀파이어로 나오는 그 배우, 이전 영화들에선 꽤 괜찮더만, 이번엔 무슨 말이 그렇게 많아? 결국은 닥치고 피 빨아먹을 거면서. 하여튼 말 많은 것들은 재수 없어. 대체 무슨 영화를 이미지가 아니라 말로 만들려 드냐."

"Y야, 그게 전형적인 체제 내 수법이야. 말이 막히면 말 많다고 내치는 거. 말로 대응이 안 되니까 하는 얘기거든. 이를테면, 말 많은 놈은 빨갱이라고 하는 식이지. 실은 자기네가 허용할 수 있는, 또는 허용하고 싶은 말이 아니라는 거야. 아니, 그렇게 화 내지 마. Y 네가 그렇다는 게 아니라, 일반적으로 그렇다는 거니까…… 여하튼 그래서, 금지된 말이거나 파열된 구멍에서 나오는 말이 흡혈하는 피가 되고, 또 그런 말의 전달 수단이 뱀파이어의 이빨이 되는 거야. 물론 이 뱀파이어는 이제 내부의 뱀파이어지. 밖에서 들어오고 안에서 발산(發散)하는 괴물――물려서 전염되는 흡혈의 욕망이 바로 그 발산의 이미지라구. 예컨대 〈나꼼수〉를 봐. 그게 일종의 내화(內化)한 뱀파이어의 모습일지도 몰라."

"구보야, 넌 그냥 말만 많은 게 아니야. 네 말은 아예 말이 안 돼. 아까 넌 비겁함 때문에 뱀파이어가 된다고 했지? 그런데 이제 와서 〈나꼼수〉가 뱀파이어라면, 〈나꼼수〉가 비겁하다는 거잖아. 그럼

　　　　철학자 구보 씨의 세상 생각

그치들이 만날 외치는 '쫄지 마!'가 비겁의 신호라는 거야? 도대체 무슨 말이 그래?"

"하, Y야, 비겁은 문젯거리인 사회에 사는 우리 모두의 일면이야. 우리가 이런 사회를 허용한 거라구. 말하자면 이명박을 뽑은 건 우리란 말이야. 그래서 우리는 이미 뱀파이어인 거야. 흡혈의 욕망을 지닌 존재인 거지. 그런데 이런 걸 자각하지 못하면, 우리는 뱀파이어란 마치 우리 밖의 존재인 것처럼, 우리가 밀쳐내야 할 괴물에 불과한 것처럼 착각을 하게 돼. 그게 바로 전통적인 뱀파이어의 이미지라구. 그걸 Y 네가 싫어하는 위정자들이 줄곧 써먹어 왔던 거고. 거기에 습관처럼 파묻히는 것, 그게 바로 중독이야. 자각하지 못하고 벗어나지 못하는 중독, 그것이 정말 위험한 거지. 스스로가 뱀파이어인 줄 모르는 뱀파이어. 이게 비겁의 산물이야.

그렇지만 일단 우리가 이런 점을 깨닫고 절감하면, 가만히 있을 수 없게 되지. 이때 뱀파이어의 전화(轉化)가 일어나는 거야. 우리는 자신의 욕망을 들여다보게 돼. 무엇이 거기에 얽혀 있는지도. 그래서 전통적 뱀파이어에게 거울을 보는 것은 끔찍한 일이야. 햇빛도 마찬가지지. 두려움, 이걸 완전히 떨칠 수 있을까. 그 두려움은 기성(旣成)의 체계가 항상 준비하고 부추기는 것이거든. 생각해 봐. 자각이니 절감이니 하는 말은 쉽지만, 그건 언제나 대가를 치르는 거야. 내가 뱀파이어라는 것을 인정하는 것, 그것은 햇빛에 살이 타는 미래를 예감하는 것이지. 자기 현시(顯示)와 자기 소외(疏外)와 자기 파괴를, 적어도 나의 근본적 변화를 받아들이는 거라구.

 '쫄지 마'라는 구호는 그러니까 내화한 뱀파이어의 증식 수단인
셈이야. '씨바, 쫄지 마', 이것은 비겁을 돌파하여 균열을 비집는 내
파(內破)의 구호고, 또한 두려움을 넘어, 그렇지만 아직도 두려움
가운데서 흡혈을 약속하는 구호지. 흡혈이라고 하면 다들 끔찍해
하는데, 왜 계속 이런 말을 쓰느냐고? 그건 한편으론 끔찍하기 때
문이야. 우리가 실상 끔찍함으로부터 자유롭지 못하기 때문이지.
그 끔찍함의 이면에는 효율이 도사리고 있어. 피의 이미지와 상징
성을 생각해 봐. 그건 엑기스, 곧 정수(精髓)고, 순환이고 전달이야.
또 흥분이고 두려움이지. 피는 안에서는 활기지만 밖으로 터져 나
오면 두려움의 대상이 돼. 흡혈이란 그 활기와 함께 두려움을 먹는
거야. 그렇잖아? '쫄지 마'는 쫄 필요가 없는 세상이 아니기 때문에
가능한 구호라구."

 "잠깐, 구보야. 너 아직도 할 말 많이 남았지?"

 "아니, 거의 다 했어. 몇 마디만 더 하면 돼."

 "그럼, 그 몇 마디 아껴 뒀다 다음에 해. 내가 한 마디만 할게."

 "치, 뭔데?"

 "넌 말이야, 구보야, 내가 보기엔, 덜떨어진 말로 꼼수 부리는 뱀
파이어 같애. 말꼼수 뱀파이어, 어때? 그래두 말꼼수라니까 어감은
귀여운 데가 있지?"

　　　　　　　　　　　　철학자 구보 씨의 세상 생각

구보 씨,
다시 뱀파이어를 생각하다

Y가 비아냥거린 대로 구보 씨가 말이 많아진 걸까? 아니, 그럴 리 없어, 하고 구보 씨는 고개를 젓는다. 하루 종일 말 한 마디 없이 지낼 때도 있는걸. 그래도 별로 불편한 줄 모르겠던데…… 어쨌든 나는 쓸데없이 떠들어 대는 그런 부류는 아니라구. 오히려 어쩔 수 없어서 한동안 말을 계속하고 나면 금세 목이 쉬거나 잠겨 버린다니까. Y야말로 말이 많지. 아무 때나 끼어들어 말을 시키고 말이야.

그런 주제에 나보고 말꼼수라구? 쳇…… 이 구보를 어떻게 보고 하는 소린가. 난 꼼수라는 걸 생각해 본 적도 없어. 꼼수 아닌 수를 생각하기에도 벅차고 힘든 처진데 말이야. 게다가 생각해 보지도 않은 걸 무슨 수로 말하느냔 말이지. 하긴, 철학자들은 예로부터 그런 오해를 받아왔잖아. 기껏 생각한 것을 풀어놓으면, 생각하기 싫어하는 치들은 그걸 궤변이나 꼼수로 여긴다니까. 근데 내가 이런 말을 할라치면, Y는 이것도 또 꼼수라고 할 거 아냐. 그게 아니라고 변명을 시작하면, 그것도 또 꼼수에 대한 꼼수라고 할 거고. 그런데 어떻게 말을 하나. 야, 안 돼!

그리고 말을 하는 것과 꼼수 부리는 것은 구별해야 한다구. 〈나는 꼼수다〉의 '나'는 어디까지나 가카지, 〈나는 꼼수다〉의 멤버들이 아니거든. 「복수는 나의 것이다」에서 '나'는 구약의 여호와지, 그 영화에 나오는 인물들이 아닌 것처럼. 그러고 보니, 〈나는 꼼수다〉의 박찬욱 버전은 〈꼼수는 나의 것이다〉가 되겠군. 꼼수는 나만의 것이니 너희 어린 백성들은 감히 꼼수를 부릴 생각은 말아라, 이렇게 가카께서 하교(下敎)하신다는 말이 될 테니까.

여기까지 혼자 너스레를 떨다 구보 씨는 아차 하고 생각을 가다듬었다. 철학자 구보 씨가 이렇게 경망하게 굴어서 되겠는가 싶어서였다. 어쩌면 이게 다 Y에게 전염된 탓인지 몰라. Y는 내가 옆에 있을 때에도 가끔 〈개그 콘서트〉를 보면서 깔깔대고 웃거나, 〈나꼼수〉를 듣다가 키득거리기도 하니까 말이야. 매스 미디어의 전염성, 이것이야말로 수평적으로 확산하는 뱀파이어적 전염의 한 전형이 아닐까. 그러고 보면, 나도 모르는 사이에 Y에게 목덜미를 여기저기 가볍게 물린 것일 수도 있어.

하여튼 대중적 전염의 문제는 그 수평성이 자칫 초래할 수 있는 일차원성에 있지, 하고 구보 씨는 목덜미를 한 손으로 쓸어내리며

　　　　　　철학자 구보 씨의 세상 생각

은 선과 악의 구분을 놓지 않는다. 그것이 태주와 함께 욕망을 좇던 상현을 다시 파멸로 이끈다. 또 그것이 상현을 단순한 코미디의 대상이 아니라 비극의 주인공이 되게 한다. 헤겔의 말처럼, 가치로운 것의 몰락이 비극을 이룬다.

"태주 씨랑 오래오래 살고 싶었는데…… 지옥에서 만나요."

"죽으면 끝. 그동안 즐거웠어요, 신부님."

상현과 태주의 생각은 파멸의 순간에서도 다르다. 욕망이 지배하는 수평적 공간이 태주의 세계라면, 가치가 만드는 상승과 하강의 깊이가 상현의 무대다. 내재(內在)와 초월(超越)은 부딪혀 얽히지만, 끝내 하나가 되지 못하고 발산(發散)한다. 어느 것이 좋고 어느 것이 나쁜가의 문제는 아니다. 카르페 디엠(carpe diem)의 쾌락과 영원성의 약속 가운데 어떤 것을 택할 것인가. 욕망의 허망함과 이데올로기의 속박 가운데 어떤 것을 택할 것인가.

박찬욱이 내놓는 답은 진부할지 모르지만 여전히 아름답다. 그것은 낡은 구두의 이미지로 잘 드러나는 사랑이다. 질식할 것 같은 답답함을 못 이겨 '행복 의상실' 앞 밤거리를 속옷 바람으로 달리던 맨발의 태주에게 벗어준 상현의 구두, 그 구두를 태주는 마지막 순간에 꺼내 신는다. 동트는 햇빛에 까맣게 타버린 두 몸뚱이는 재로 부서지고, 그렇게 얽혔던 사랑의 자취가 떨어져 남는다. 달리 어찌 하겠는가.

알겠지만, 이 사랑은 문제를 없애거나 해결해 주지 못한다. 그러나 또한 이 사랑은 내재의 허망함으로 녹아 버리지도 않고 초월의 기만으로 휘발해 버리지도 않는다. 사랑은 이 둘의 얽힘 속에서 태어나고 사라지며 그렇게 끊어지듯 지속한다. 사랑은 고투(苦鬪)하고, 또 고투한다.

물론 이런 고투에는 여러 버전이 있다. 박찬욱의 「박쥐」가 초월에 대한 열망의 과도함을 냉소(冷笑)하면서도 그 열망을 떨쳐내지 못하고 짐짓 거기에 굴복하는 모습을 보여준다면, 또 하나 주목할 만한 뱀파이어 영화인 「렛미인」은 현실의 제약을 뛰어넘는 강렬한 사랑을 제시하는 듯하지만 그 이면에서 작용하는 거래의 세속적 효과를 놓치지 않는다.

그러나 이번엔 이 정도로 하자. 구보 씨가 속절없이 또 이렇게 많은 말을 늘어놓게 된 것은 지난번에 Y가 느닷없이 말을 자른 데다가 말꿈수 운운하고 끝났던 여운이 영 개운치 않았기 때문이다. 개운치 않다는 건 뭔가 켕기는 게 있다는 뜻 아니니? Y라면 틀림없이 또 이렇게 물고 늘어졌을 것이다. 사실, 그녀는 나이에 비해 이가 튼튼한 편이다. 다른 건 몰라도 구보 씨를 비웃을 때조차 살짝 드러나는 그녀의 가지런하고 하얀 이는 매력적이다. 그건 아름다움과 선함이 합치하지는 않는다는 유력한 증거다.

오늘 세상을 뒤덮은 하얀 눈과 같은 차가운 아름다움, 그것은 이면의 온갖 것들을 가린다. 그 미봉적(彌縫的) 차폐(遮蔽)가 아름다운 것은 아마 그것 또한 세상이 우리를 유혹하는 방식이기 때문일 것이다. 하지만 누구라서 그러한 아름다움을 겉치레고 허식이라며 마다할 것인가. 하얗게 내려 쌓이는 눈, 그것이 주는 모든 불편에

    철학자 구보 씨의 세상 생각

도 불구하고 또 그것이 숨기는 모든 지저분함과 위험에도 불구하
고, 눈은 여전히 아름답다. 그리고 모든 아름다움은 삶의 유혹이다.
그러한 한, 뱀파이어는 이곳에도 파고든다. 순백의 눈 위로 스미는
혈흔, 그 뚜렷한 색채의 대비——「렛미인」(2008)을 보라.

구보 씨,
렛미인을 말하다

세상일이 뜻 같지 않다. 요즘은 매사가 그렇다. 하긴 모든 일이 뜻대로 될 바에야 굳이 뜻이 필요하겠는가. 뜻대로 안 되는 세상이기에, 우정 뜻을 세우고 그 뜻을 이루기 위해 분투해야 하는 것이리라. 이 좋은 봄날에 웬 허접한 소리냐고? 글쎄 말이다.

구보 씨가 사는 남쪽 동네엔 어제까지 흐드러지던 벚꽃이 이제 꽃잎을 하냥 떨구는 중이다. 저 꽃잎 하나하나에도 뜻이 있을까? 문득 구보 씨는 생각해 본다. 꽃잎들에 얹히는 저 햇살과 향기를 나르는 저 바람에도? 그래, 있을 수도 있겠지. 그러나 그 뜻은 인간의 뜻과는 상관이 없을 터이다. 하지만, 사람의 욕심은 뜻이라는 표현을 앞세워 세상 속으로 교묘히 파고든다.

뜻이라는 말은 같아도 그 뜻은 다르다. 인간의 뜻과 자연의 뜻이

 철학자 구보 씨의 세상 생각

다르고, 너의 뜻과 나의 뜻이 다르다. 그러나 원체 뜻이란 나를 통하여서야 그 뜻함이 이해되고 받아들여지는 것이 아니던가. 내가 모르는 뜻은 엮이지도 풀리지도 못하니 내게 뜻으로 다가올 수 없다. 그래서 우리는 어디에 뜻이 있다 싶으면 나름으로 짐작하고 해석하기 마련이다. 그 덕택에 뜻은 곧잘 오해된다.

인간의 마음에는 자신이 실제로 잘 모르는 사안에 대해서도 가설을 세우고 설명을 하려는 본성이 있다고 한다. 오늘날의 뇌생리학이 밝혀 놓은 바에 따르면, 우리의 좌뇌는 자신이 알지 못하고 취한 행동에 대해서도 그럴듯한 설명을 찾아 늘어놓는다.

우뇌와 좌뇌를 잇는 뇌량(腦梁)이 분리된 환자들에 관한 이야기를 들어본 적이 있는가? 이런 사람들에게서는 우뇌에 주어진 정보가 좌뇌에 제공되지 않는다. 가령 오른쪽 뇌와 연결된 시야에 "웃어보세요"라는 쪽지를 보여주면 이 사람은 거기에 따라 웃지만, 그 사람은 자신이 왜 웃는지 모르는 채 자신이 웃는다는 사실만 의식한다. 그러나 그 사람에게 "지금 왜 웃고 있나요?"라고 물어보면, 그는(정확히 말해 그 사람의 좌뇌는) 모른다고 하지 않고 그럴듯한 설명을 찾아낸다. "당신이 재미있어서요."라고 답하는 식이다.

틀린 답이라 할지라도, 우리는 자신이 아는 한도 내에서 가장 그럴듯한 답을 찾아 제시한다. 어차피 우리가 아는 것에는 한계가 있기 마련이라면, 이렇게 주어진 한계 내에서 가설을 만들고 이론을 찾는 것이, 미시로 가득한 세계 속에서 효과적으로 살아가는 방편일 수 있다. 그러나 그 도움은 제한적이다. 또 부작용도 있다. 신

화적 세계관의 역할이나 문제점을 생각해 보면 금방 알 수 있는
일이다.

우리 삶에서 신화나 신화와 유사한 이데올로기를 떨쳐버리기는
어렵다. 뜻으로 얽힌 우리의 세계는 예나 지금이나 신화적 면모를
갖는다. 넓게 보면, 불명료한 사안에 뜻을 제공해 주는 이야기의
얼개가 곧 신화다. 세상이 한층 복잡한 것은 이런 신화적 뜻의 세
계가 여럿이고 또 그런 세계들이 세상의 일부이기 때문이다.

나는 내 나름의 세계를 갖는데, 그런 세계에는 다른 사람들의 세
계에 대한 해석이 포함된다. 여러 뜻들에 대한 해석이 내 뜻의 재
료가 된다. 이것은 누구나 마찬가지고, 그래서 우리의 마음 읽기는
우리 마음의 일부다. 덕분에, 우리의 삶은 부분적인 이해와 부분적
인 오해들로 얽혀 있다.

그러니 세상일이 뜻대로 잘 될 리 없다. 우리의 시도는 무수한
시행착오의 연속이다. 그때마다 우리는 그때까지 가지고 있던 해
석의 얼개를 수선하고 뜻의 가닥들을 다시 풀어 엮는다. 내가 받아
들인 자연의 뜻에 대한 해석이 잘못되었을 수도 있고 다른 사람들
의 뜻에 대한 이해가 잘못되었을 수도 있다. 이렇게 나의 세계는
매번 개축되고 그때마다 다른 세계의 요소가 내 세계 안으로 들어
온다. 사정이 좋을 때 그렇다는 얘기다.

그럼 나쁠 경우에는 어떤가? 우리는 여전히 우리의 뜻을 세계에
덮어씌우려 한다. 제 뜻이 아닌 내 뜻을 앞세워 세상을 해석하려
한다. 그리고 그런 한에서만, 그런 뜻에 도움이 되는 한에서만 다

    철학자 구보 씨의 세상 생각

영화 「렛미인」(Let The Right One In, 2008)의 한 장면

른 세계의 요소를 받아들이려 한다. 수용의 거름망이 그만큼 강고
하다는 말이다.

물론, 그렇다고 해서 밖의 세계를 받아들이는 건 무조건 좋고 안
의 세계를 고수하려 드는 건 무조건 나쁘다는 뜻이 아니다. 고집
스러움이라고 다 해로운 것은 아니기 때문이다. 예를 들어, 주제나
소재에 대한 구보 씨의 작은 고집, 이를테면 요즘 들어 반쯤 장난
스레 드러내는 뱀파이어 영화에 대한 고집 따위는 그런 대로 봐줄
만한 것이 아닌가?

아닌 게 아니라, 지금도 구보 씨는 「렛미인」이라는 뱀파이어 영화
가 뜻대로 안 되는 세상 살기의 방식과 관계가 있다고 생각해 보고
있는 중이다. 좋은 쪽으로? 나쁜 쪽으로? 글쎄, 어느 쪽이겠는가?

「렛미인」에 등장하는 뱀파이어는 독특하다. 어린 소녀의 모습이다. 이 영화의 원작 소설에 따르면, 원래 이 뱀파이어의 정체는 소녀가 아니라 거세된 소년이다. 그러나 아무려면 어떤가. 분화한 성적 매력이 나타나기 전 연약한 모습이라는 점이 중요하다. 그러나 이 영화에도 소설 속에선 명확히 드러나는 아동성애의 코드가 숨겨져 있다는 건 짚고 넘어가자. 아동성애 도착(페도필)은 무력하고 핍박 받은 경험이 있는 사람들에게, 그러면서도 쉽게 지배욕을 충족시키고자 하는 사람들에게 잘 나타난다.

그런데 「렛미인」의 소녀(또는 소년) 엘리는 뱀파이어다. 연약해 보이지만 실상은 초인간적 존재다. 물론 흡혈의 어두운 욕망을 벗어나지 못하지만 그것을 기꺼워하지는 않는다. 어쩔 수 없이 피를 필요로 할 뿐이다. 이 어쩔 수 없음이라는 조건은 연약해 보이는 외모와 호응한다. 도움과 보호가 필요한 가련한 존재, 그러나 초인적인 힘을 발휘할 수 있는 이중적 존재가 뱀파이어 엘리다.

이 뱀파이어 소녀 엘리와 가까워지는 건 학교에서 왕따 당하는 소년 오스카다. 둔하고 약한 오스카는 힘이 지배하는 또래의 세계에서 기를 펴지 못한다. 영화에선 가냘픈 금발의 소년으로 나오지만 원래 소설에선 뚱뚱한 아이로 묘사되어 있다. 돼지 소리를 내보라고 놀림을 당하는 것은 그 탓이다. 그런데 이 오스카는 바보처럼 착하기만 하지 않다. 자신을 괴롭히는 아이들에게 복수하기를 원한다. 그는 밤에 아파트 정원으로 칼을 품고 나가 애꿎은 나무를 찌른다. 가상의 응징인 셈이다.

     철학자 구보 씨의 세상 생각

이 가상이 현실이 될 수는 없을까? 오스카의 뜻이 실현될 수는 없을까? 그건 나름으로 정의의 구현일 텐데 말이다. 엘리는 당하기만 하지 말라고 오스카를 부추긴다.

"받은 만큼 돌려줘. 더 세게. 그래야 개네들은 그만 둘 거야."

"하지만…… 개들이……."

"그때엔 내가 도와줄게. 나는 그럴 수 있어."

오스카는 이제 눈에는 눈 이에는 이의 대응을 하고 아이들은 움찔한다. 브라보! 그러나 세상이 그렇게 만만할쏜가. 뜻밖에 한방 먹은 악동들은 더 크고 더 폭력적인 지원군을 부르고, 오스카는 속절없이 극한의 궁지에 몰린다. 이때 엘리가 나타나 섬뜩할 만큼 충격적인 폭력의 응징을 가한다. 그것은 어쩌면 정의로워 보인다. 핍박을 당하는 약한 자를 돕는 응징. 피의, 어둠의 응징. 여기서 뱀파이어는 새로운 역할을 부여받는다. 그래서인지 이 영화의 영어판 포스터에는 이렇게 쓰여 있다. "LET THE RIGHT ONE IN." 이것은 정의로운 뱀파이어의 탄생인가?

오스카는 엘리가 뱀파이어라는 걸 안다. 선택의 여지는 있다. 받아들일 것인가, 말 것인가? 뱀파이어는 초대받지 못하면 안으로 들어오지 못한다. 이것은 우리 스스로가 그 어둠의 힘을 필요로 한다는 것을 알게 해 주는 장치다. 오스카가 엘리를 초대하는 것은 왜일까? 초대받지 못한 채 오스카의 방으로 들어온 엘리는 온몸에서 피를 흘린다. 정수리에서도 눈에서도 피가 스며나온다. 이 모습을 본 오스카는 황급히 초대의 말을 내뱉고 엘리를 껴안는다.

"넌 누구니?"

"난 너와 같아."

"……. 난 사람들을 죽이지는 않아."

"하지만 그럴 힘이 있다면 그러고 싶어 해. 복수를 위해서. 그렇지?"

"그래."

"내가 해. 내가 해야 하니까."

물론 오스카가 엘리를 좋아하게 된 건 엘리가 뱀파이어라는 걸 알기 전부터다. 그러니까 엘리를 받아들이는 건 어떤 이해관계나 바람 때문이 아니라 사랑 때문일 수 있다. 모두가 그렇다고 하듯, 사랑은 모든 것을 넘어서므로. 그러나 이 사랑이란 과연 무엇일까?

「렛미인」에는 뱀파이어 엘리를 사랑하는 또 한 사람이 나온다. 호칸이라는 인물이다. 중년을 훌쩍 넘어선 이 사내는 엘리가 마실 피를 얻기 위해 사람을 죽인다. 그러다 붙잡힐 위험에 처하자 신분을 드러내지 않으려고 자기 얼굴에 염산을 붓는다. 엘리를 보호하기 위해서다. 마지막 죽어가면서까지 그는 자신의 피를 엘리에게 준다. 사랑이란 이런 것일까?

뱀파이어는 늙지 않는다. 엘리는 백년 넘게 계속 12살이다. 그동안 얼마나 많은 호칸이 있었을까? 오스카가 트렁크에 담긴 엘리를 기차에 싣고 함께 떠나는 것으로 끝나는 이 영화의 마지막 장면은 그가 또 한 사람의 호칸이 되리라는 걸 강하게 시사한다.

무릇 뱀파이어란 뜻대로 되지 않는 세상의 산물이다. 엘리와 같

  철학자 구보 씨의 세상 생각

은 뱀파이어 역시 뜻대로 안 되는 세상 살기의 한 방편이다. 우리
는 뜻대로 안 되는 문제를 해결해 줄 수 있는 힘을 찾고 갈구하지
만, 그러면서도 우리는 거기에 우리의 뜻과 어긋나는 대가가 따를
수 있음을 어렴풋하게 예감한다. 그것이 우리의 거의 모든 신화가
해피엔딩을 보장하지 않는 여운을 진하게 남기는 이유다. 뜻이 여
럿인 세상을 뜻대로 사는 손쉽고 안락한 길은 없지 않을까.

그렇지, Y? 구보 씨는 웬일인지 한동안 소식이 없는 Y의 속뜻을
헤아리며 혼자 멋쩍게 물어보았다.

4장

구보 씨,
크기를 생각하다

비록 비현실적인 것으로 보일지라도 먹는 것에 대한, 동화와 자기 확장의 방식에 대한 반성이 필요하지 않을까, 라고 구보 씨는 생각한다. "엄마, 곰이 나를 먹고 있어요." 몇 달 전 러시아에서 야생 곰의 습격을 받은 젊은 처자가 죽기 전에 휴대폰으로 통화한 내용이 세간에 전해진 적이 있다. 인간이 다른 동물에 먹힐 수 있다는 것을 보여준 이 끔찍한 사태는 우리가 먹는다는 것이 무엇을 의미하는가에 대해서도 다시 생각하게 해 준다.

얘가 대체 무슨 말을 하고 있는 거야? 그런 어이없고 무참한 일이 다시는 일어나지 않도록 해야지, 뭐, 먹는 것에 대한 반성이라구? Y가 있었다면, 구보 씨는 아마 크게 핀잔을 들었을 것이다. 그렇긴 하다. 하지만 먹히는 것은 누구에게나, 어떤 존재에게도, 참혹한 일이 아닐 수 없다. 그런데도 우리는 그저 무심하게 먹는 일에 열중할 수 있는 것일까.(168쪽)

구보 씨,
크기를 생각하다

한동안 연락이 끊겼던 Y에게서 소식이 왔다. 벌써 오래전에 구보 씨가 보냈던 이메일에 대한 답이다. 여행 중이어서 확인이 늦었다고 했다. 여긴 중국인데 말이야, 바쁘게 이동하다 보니 도무지 경황이 없지 뭐니. 게다가 인터넷 사정도 안 좋고…… 중국은 아직 대도시와 시골이 천지 차이야. 그러나저러나 중국이 넓긴 넓더구나. 재밌고 신기한 일도 많고…… 이제 여름이니 구보 너도 어디 여행이나 떠나 보면 어때? 더운 날씨에 괜히 인상 쓰고 있지 말고…… 그럼, 이만…… 짜이지엔(再見).

구보 씨는 입맛이 썼다. Y가 누구와 같이 있을지 짐작이 가는 까닭이다. Y가 몸담고 있는 시민단체에 알아보니 말로는 취재 여행이라고 하는데, 실제로는 휴가 비슷한 형태지 싶었다. 그녀 자신이 계획을 입안하여 형식적인 허락을 받았고, 경비는 비행기삯 정도로 최소한만 지급했다 한다. 그렇담, 먼저 베이징으로 갔을 거다. 아니, 어디에 기착했는가는 중요하지 않다. 상하이면 어떻고 충칭이면 어떤가. 어차피 조만간 M을 만났을 것 아닌가.

M은 중국에 자주 머문다. 업무상 그렇다고 했다. 벌써 몇 년째다. 그래선지 얼굴도 몸도 더 둥글둥글해지는 게 제법 중국인을 닮아가는 것 같다. 이제 우리한테 중국의 영향력은 절대적이야. 미국하고 일본에 대한 교역량을 다 합쳐도 중국에 한참 못 미친다구. 실질적으론 남한 정부가 중국의 비위를 거스르기 어렵게 되었다는 말이지. 지난봄에 만났을 때, M은 큼지막하고 퉁퉁한 손아귀에 작은 빼갈 잔을 쥐었다 놨다 하며 열변을 토했다.

체…… 언제는 우리가 중국 눈치 안 본 적이 있었나. 유사 이래 중국의 영향력은 좋은 의미에서건 나쁜 의미에서건 압도적이었다. 이제 다시 우리에게 중국이 부각된다고 해서 새로울 것은 뭐고 반가울 것은 뭔가. 오히려 경계의 마음을 다잡아야 할 게 아닌가. 벌써부터 미국과 중국이 사사건건 힘겨루기를 하는 상황이니, 가뜩이나 허리까지 묶인 우리네 신세가 자칫 등 터지고 배 터지는 새우 꼴이 되지 않을까 걱정인 판이다.

"하하…… 근데, 그게 옛날과는 달라. 너 중국이 쥐고 있는 외환이 얼만지 아니? 자그마치 3조 달러가 넘어. 미국 국채만 1조 달러가 넘고. 작년에 미국은 중국 물건을 3000억 달러 가까이 사들였다구. 불황인데도 말이야. 이렇게 얽혀 있으니, 서로 충돌하긴 어

　　　　　　　　　　　철학자 구보 씨의 세상 생각

려워. 물론 세(勢) 싸움이야 하겠지. 하지만 자칫하면 둘 다 구렁텅이로 빠진다구. 이제 세계는 누가 지고 이기고가 분명하게 갈릴 수 있는 상태가 아냐. 특히나 중국 같은 대국은 누구도 함부로 할 수가 없다구."

"대국(大國)? 대국이라……그래, 그렇더라도 흥하고 망하는 데 크고 작은 게 결정적인 건 아닐 거야. 알잖아, 역사상 대국이니 제국(帝國)이니 하는 것들의 운명을…… 중국도 다를 바 없지. 망하고 흥하고 한 게 그동안 몇 번이야."

"나라나 왕조야 그렇지. 하지만 문명은 다르잖아. 중국 문명권이 망한 적이 있냐? 서양의 침략을 받았지만, 그래서 아편전쟁 후에 일시적인 굴욕을 당했다고는 하지만, 백 년 만에 다시 결집해서 백오십 년 만에 당당하게 다시 섰잖아. 이제 이백 년이 되는 2040년경에는 아마 전 세계의 패권을 쥐게 될 거야. 다시 명실상부한 중국(中國)이 되는 거지."

"M 너, 완전히 중국파가 다 됐구나. 말하는 본새도 아연 중국인 같은데…… 일단 단위부터가 말이야."

"하하, 그래? 하긴 나같이 이제 장사꾼 뒷바라지 하는 놈보다는 구보 너 같은 철학자가 스케일 크게 놀아야 하는 거잖아. 중국이라고 뭐 별 거 있겠어? 철학적으로 보면 사람 사는 덴 다 비슷하지. 근데, 스케일은 좀 달라. 얘들은 인구가 워낙 많으니까, 경제적으로 부유층이 기껏 10%가 안 되는데도 그 숫자가 1억이 넘는나구. 그러니 걔들만 해도 시장이 엄청난 거지. 중국의 소득 분포는 말하자

면 호리병 형상이야. 못사는 애들은 또 엄청 많은데, 개네들이 값
싼 노동력의 원천이지. 그래서 얼마 전만 해도 중국에선 사업하기
가 엄청 쉬웠어. 싼 노동력으로 생산해서 돈 있는 애들에게 팔면
되거든. 요즘은 좀 달라졌어. 중국도 이제 임금도 오르고 수지타산
맞추기가 쉽지만은 않아.”

“임금이 오른다는 건 좋은 거 아냐?”

“하하, 좋은 일이지. 하지만 일방적으로 좋은 게 어딨냐. 좋은 면
이 있으면 나쁜 면도 있고, 세상이 그런 거지. 개들 편에서도 형편
이 나아지는 건 좋지만 그게 또 요구도 많아지고, 그러면 갈등도
더 생기고 시끄러워지고, 그 와중에 얌체도 생기고 희생도 생기고,
언제나 그렇듯 못된 놈들이 더 해 처먹고, 그런 게 조직화되고……
암튼 일 풀어나가는 건 자꾸 어려워진다구. 어떻든 너 중국 오면
연락해라. 베이징엔 와 봤지?”

“한 10년 전쯤? 그때하고 많이 달라졌겠네?”

“그럼. 그새 올림픽도 치르고 그랬잖아. 꼭 베이징이 아니더라도
연락해. 나두 여기저기 돌아다니는 일이 많으니까. 장사꾼 딱까리
노릇도 힘들어. 하하…….”

사실, M은 누구에게나 호감을 주는 인상에, 화통한 면이 있는
친구다. 학생 시절에 Y와는 한때 잘 지내던 사이였는데, 서로 엇갈
리게 감방에 들락거리는 바람에 멀어졌지 싶다. 하긴 서로 무슨 약
속을 한 것도 아니었던 모양이니, 특별히 헤어지고 말고 할 게 없

었을지도 모른다. 겉으로는 그저 학생운동 시절의 친구 사이다.

언젠가 지나가는 말로 M 이야기를 했더니, Y는 걔, 요즘 엄청 쪘던데 하며 대수롭지 않게 받았다. 그런데, Y가 중국에 있다는 소식을 듣는 순간, 구보 씨는 반사적으로 M을 떠올렸다. 그 둥글둥글한 얼굴과 웃음을. 뿐만 아니다. 신문에서건 인터넷에서건 중국 이야기만 나오면 Y와 M이 겹쳐서 떠오른다. 뭐, 중국 이야기에 중국에 있을 두 친구가 연상되는 것은 자연스러운 일이겠다. 그러나 문제는, 왜, 하필이면, 두 친구가 한꺼번에, 겹쳐서 떠오르냐는 거다. 겹쳐서 말이다.

아무튼 이를 계기로 구보 씨는 중국에 대해 다시 생각해 보게 되었다. 이전이면 무심코 지나쳤을 사안들도 관심을 갖고 들춰 보게 된다. 그러다 보니 정말 중국에 한번 가봐야 하지 않을까 하는 생각이 들기도 했다. 무엇보다 크기의 문제가 구보 씨를 사로잡았다. 중국이라는 나라의 크기, 한반도의 크기, M의 몸집의 크기, Y가 구보 씨에게서 차지하는 비중의 크기, 또 구보 씨 자신의 마음의 크기……

사실, 중국은 가깝고 큰 나라다. 면적은 남한 땅의 100배나 되고 한반도 전체로 쳐도 40배가량 된다. 인구도 말이 14억이지, 정확한 수는 누구도 모른다. 산아제한 정책 탓에 출생신고를 하지 않은 인구가 많은 탓이다. GDP는 일본을 추월해 미국에 이어 세계 2위다. 수치상으로 그 규모는 전 세계 GDP의 10%고 미국의 절반 정도지만, 경제적 영향력은 이제 미국에 못지않다고 보는 시각도 많다.

첨단기술이나 군사력 면에서는 아직 미국의 상대가 아니라고 할 수 있겠지만, 글쎄 그런 상태가 얼마나 갈까.

미국이 중국 항공모함에 대해 신경을 곤두세우고 기회만 되면 일본 기지의 항모를 우리 서해안까지 끌고 와 해상훈련을 빙자한 무력시위를 하는 것을 보면, 중국의 진출에 대해 여간 경계를 하는 것이 아니라는 걸 알 수 있다. 이명박 정부가 제주도 강정에 기를 쓰고 기지를 건설하려는 것도 미국의 대중국 견제책의 일환임은 분명하다. 북한이 중국에 더욱 의존적이 되고 북한의 미사일이 평택이나 오산의 미군 기지를 위협할 수 있게 된 마당에, 미국으로서야 중국 본토를 사정권에 넣을 수 있는 보다 안전한 기지가 절실하지 않겠는가.

이런 사정이니 중국을, 또 중국과 미국의 관계를 고려에 넣지 않고 한반도에서 맘 편하게 지내기는 어려운 노릇이다. 얼마나 잘 균형을 잡고 얼마나 잘 대처해야 허리 졸린 채 등 터지는 새우 꼴을 면할 수 있을까. 미국은 중국이 북한의 핵무기 개발을 묵과했거나 사실상 도와주었다고 비난하면서 남한에 전술 핵무기를 재배치하겠다고 나섰다. 그럼에도 남이나 북이나 이런 판국을 조정할 능력이나 여유는 거의 없어 보인다. 북한은 고립된 처지에서 중국 외에는 기댈 곳이 없다. 대중 무역이 전체 무역의 90%를 상회한다. 출구가 극도로 제한된 이런 봉쇄 상태에서 북한은 핵무기를 절대 포기할 수 없을 것이고, 중국으로서야 핵을 가진 북한을 이제 자신의 24번째 성(省)쯤으로 이용하려 할 것이다. 미국은 북한을 트집삼아 대중국 견제선을 분명하게 그으려 하고 있다. 그런데 남한은 미국과 중국의 전략에 놀아나는 것 이외에 어떤 노력을 해 왔는가?

"통일? 너무 걱정하지 마. 그거 가능할 거야."

지난 봄의 술자리에서 M은 망설이거나 근심하는 빛 없이 이렇게 단언했다.

"허, 어떻게?"

"당장은 안 되지. 무엇보다 중국이 놓아주지 않을 거니까. 북한을 붕괴시켜 통일한다는 건 중국이 먼저 혼란에 빠질 때나 있을 법한 일이라구. 그런 통일론이야 남한 내부용이지, 이제 그걸 진지하게 믿는 또라이가 어디 있겠냐. 북한 정권이 바뀐들 중국에 대신 줄 게 없거든. 남한은 물론이고 미국도 말이지. 이쪽에서야 북한이 그럴 만한 가치가 있다고 생각하지도 않을 테고…… 그러니 당분간 그대로 가는 거야. 뭐, 이 상태로 서로 긴장을 풀면서 장사나 하는 거지."

"또 장사야? M, 너 정말 짱깨(掌柜)가 다 됐구나."

"하하, 구보야, 서로 안 싸울 수 있는 길은 싸우면 같이 손해 보는 관계를 만드는 게 최고야. 장사란 게 별거냐, 나만 이익을 보자는 게 아니라 서로 이득이 되게 얽는 거라구."

"장사로 얽으면 통일이 돼?"

"그럼. 언젠가는 된다구. 초조하게 굴다가 바보짓만 안 하면 말이시. 유럽을 봐. 허구한 날 서로 치고받고 싸우던 애들이 이제 같이 놀려구 하잖아."

"얼씨구, EU가 깨지느니 마느니 하는 판인데……."

"하하, 그것두 단견이야. 조금 길게 보면 이런 게 다 과정의 일부라구. 지금이야 국지적으루 이해가 엇갈리니까 그런 거지만, 이제 쪼개지면 결국 서로 손해거든. 다 잘 될 거야. 적어도 2, 30년은 봐야 한다구."

"하, 2, 30년? 통일도?"

"당근이지. 내 생각엔 2040년쯤이면 우리도 통일이 되지 싶어."

"어디랑? 중국이랑?"

"하하, 그건 아니지."

M이 통이 큰 건지, 구보 씨가 속이 좁은 건지, 구보 씨는 중국을 생각하면 대개 마음이 편치 않다. Y와 M이 서로 알고 지낸 것도 2, 30년의 세월이 아닌가. 통 큰 M과 Y는 지금 어디서 어떻게 얽혀 있을까. 알량한 속의 구보 씨는 자기도 모르게 상을 찌푸렸다.

구보 씨,
계속 크기를 생각하다

중국에 관심이 있는 사람이 어찌 구보 씨뿐이겠는가. 많은 이들이 중국을 주목한다. 구보 씨 친구 중에는 M과 조금 다른 시선으로 중국을 바라보는 이도 있다. C는 알아주는 사람은 별로 없는 자칭 정치평론가다. 정치를 업으로 한다는 친구가 사람 만나는 건 즐겨하지 않아 이름만 걸어놓은 작은 출판사 사무실에 틀어박혀 지낸다. 여하튼 그도 중국에 관심이 많다.

"M 그 친군 노무현 때부터 중국에 들락거리더니, 여태 그러고 있군."

"지 말로는 장사꾼들 딱까리 한다던데?"

"그게 그거지. 장사하려면, 특히 중국에서 필요한 게 뭐겠어."

"요즘 보시라이 건도 그렇고 중국도 복잡한 거 같아."

“글쎄, 이전 같을 수야 없겠지. 어차피 변화는 불가피할 테니까.”

“지난번에 M은 시진핑 얘기 많이 하더군. 시진핑이 차기 주석으로 낙점되기까지의 뒷이야기들…… 펑리위안인가 하는 시진핑 마누라, 그 여자가 중국에선 유명한 가순데, 장쩌민에게 시진핑이 점수 얻는 데 큰 역할을 했다나…… 어떻든 내부에 갈등이야 있겠지만 지도부는 그래도 연속성이 있는 것 아닌가?”

“하…… 그새 M은 장쩌민이나 시진핑하고 어울리나 보지? 그렇더라도 성장 패턴도 바뀌고 장쩌민 시대랑은 이미 다르겠지. 그 와중에 사람도 바뀌고, 대외관계도 조정이 될 테고…….”

“그런 거, 원래 M이 잘하잖아, 세태에 따라 움직이는 거.”

“……잘하겠지.”

“M은 중국이 북한을 놓아줄 리 없다고 그러던데. 남한도 경제적으로 이미 중국 영향권 안에 말려들어갔고…….”

“뭐, 놓여날 힘도 없잖아. 그리고 중국한테는 북한이 있는 게 중요하니까. 역사적으로도 그렇고.”

“역사라면?” ·

“이를테면 6·25를 생각해 봐. 중국에게는 북한이 대만을 포기하고 지켜야 할 정도로 중요했다고. 사실 6·25가 그때 일어난 것도 중국하고 무관하지 않지만.”

“그건 또 무슨 소리야?”

“당시 중국공산당으로서는 한반도에서 전쟁이 일어나는 것이 전혀 달가운 일이 아니었지. 마오쩌둥은 계속 반대했어. 전쟁 발발

박태원의 「소설가 구보 씨의 일일」의 삽화(이상의 그림)

을 막으려 했다구. 중국 본토를 장악한 직후였으니까, 사실 당연한 일이지. 그런데 바로 그렇기 때문에 전쟁이 일어난 거라고도 할 수 있어. 6·25가 1950년에 일어난 건 중국공산당이 1949년에 본토를 통일했기 때문이라는 말이지."

"허, 그거 말이 돼?"

"소련이나 미국 입장에서 보면 그럴 만하잖아. 소련도 불안한 면이 있었다구. 바로 턱밑에 중공이라는 대국이 형성되었으니 말이야. 스탈린은 중국과 붙어 있는 한반도에서 변화를 꾀할 만했을 거야. 그래서 스탈린은 김일성을 부추겼지만, 전쟁에 직접 개입은 하지 않았지. 미국과 맞부딪히는 게 싫기도 했겠지만 북한이 미국에 넘어갔을 때 위험한 건 소련보다는 중국이었으니까. 중국으로선 결국 대만을 목표로 배치했던 군대를 돌려서 압록상 너머로 투입할 수밖에 없었어. 이 결정을 둘러싸고 중국공산당에선 며칠간

격론이 벌어졌지. 그러나 다른 선택은 어려웠을 거야. 북한을 내준다면 대만인들 쉽겠어?”

“하긴…… 소련과 중국은 그 이후에도 계속 삐걱거렸지. 그러고 보면 이념이라는 게 참 무색한 면이 있어.”

“지금은 또 러시아랑 군사훈련을 하잖아. 러시아 군함이 중국을 들락거리고. 미국에 공동으로 대처해야 할 필요가 있으니까. 북한도 다른 길이 없으니 중국에 붙는 거지. 그러니 김정일도 죽기 전에 중국을 조심하라는 말을 남겼고…….”

“그랬나?”

“그랬지. 뭐, 생각해 보면, 당연한 일이잖아.”

“음…… 그런데 말이야, 세상엔 왜 큰 나라가 있고 또 작은 나라가 있는 걸까?”

“뭐?”

“이상하지 않아? 세상엔 200개 넘는 국가가 있는데, 그 가운데 큰 나라는 몇 개 안 된다구. 왜 어떤 나라는 크고 어떤 나라는 작냐 이 말이야.”

“허, 그건 세상엔 왜 호랑이도 있고 고양이도 있느냐랑 비슷한 문제 아냐? 그런 건 구보 너처럼 태평한 철학자들이나 따져볼 문제 같은데…….”

“아냐, 이거 중요한 문제라구. 역사적으로 봐도 말이지, 중국이라고 항상 큰 나라였던 것은 아니잖아. 그리고 큰 나라도 항상 그 시초는 작은 데서부터 출발하거든. 주변을 정복하거나 병합하거나

   철학자 구보 씨의 세상 생각

해서 일단 큰 나라가 생겨나면 주변 나라들은 먹히거나 피해를 보거나 최소한 눈치를 봐야 한다는 거야…… 그런데 국가는 또 한없이 커질 수 있는 것은 아니야. 커지는 데는 한계가 있어. 그렇다면 도대체 국가의 규모는 어떻게 정해지는 거지?"

"……."

C는 심드렁했다. 뭐, 그런 뻔한 것을 묻느냐는 표정이다. 하긴 이런 일이 새삼스러울 건 없다. 요즘 들어 구보 씨가 늘상 당하는 일이니까.

"내 말은 왜 국가가 그렇게 커야 하느냐는 거야. 그 국가의 크기가 기여하는 바는 뭐지? 다른 국가를 제압하고 통제하고 이용하고 착취하기 위해서? 근데 그게 누구한테 좋지? 큰 나라의 일부가 되느니 독립하겠다는 지역들도 많잖아. 세상에는 그래서 수백 개나 되는 나라가 있는 거고. 큰 게 좋다면 이들은 왜 서로 합치질 않는 거야?"

"쯧…… 구보야, 국가에는 정해진 크기가 있는 것이 아니라 이익이 되는 한 팽창하려는 경향이 있는 거겠지. 또 그 팽창은 최소한의 동질성이 확보되는 한, 유지되는 거고. 그것이 강제에 의해서든 이익의 분배에 의해서든 말이야. 그러니까 큰 규모의 국가는 그 규모의 힘을 이용해 외부로부터 이익을 얻을 수 있는 한 계속 팽창을 시도할 수 있겠지. 그게 바로 제국(帝國)의 형태일 테고. 하지만 그 팽창의 이익이 임계점에 도달하면——그게 외부의 저항에 의해서건, 내부의 동질성 유지 비용에 의해서건——팽창을 멈출 수밖에 없지 않겠어?"

"그건 대답이 안 돼. 그렇담 무수한 작은 나라들은 뭐야? 걔들도 팽창을 하고 싶지만 어쩔 수 없어서 못하고 있다는 거야?"

"그렇지 않을까. 당장 우리도 봐. 천오백 년 전 고구려 이야기가 아직까지 매력적인 이유가 뭐겠어?"

"그러니까 네 말은 모든 국가가 서로 팽창하려 하는데, 그게 다 자기중심적인 팽창이라서 서로가 외적인 제약 조건이 된다는 거겠네. 그렇담, 힘의 균형이 무너지면, 그래서 침략의 이득이 그로 인한 위험부담이나 손해보다 커지면, 언제든 제국주의적 팽창은 일어난다는 거잖아."

"에이, 꼭 그렇다고만은 할 수 없지. 옛날엔 그랬을지 몰라도 오늘날엔 국제 질서가 명시적으론 그런 걸 허용하지 않으니깐. 하지만, 실질적으론 그런 면이 있잖아."

"그건 결국 큰 게 좋다는 얘기네."

"글쎄, 아무래도 규모가 힘이니까…… 이를테면 미국은 그 덩치에서 나오는 힘으로 세계 곳곳의 자원과 요로(要路)를 장악하고 패권을 유지해서 굉장한 이익을 보고 있잖아. 적어도 그 이익의 일부는 자국의 동질성을 유지하는 데 쓰인다구. 그런데 만일 그러지 못한다고 생각해 봐. 그러면 이제 군사력은 부담으로 작용하기 시작할 테고, 조만간 미국은 그 규모를 유지하기 힘들어질 거야. 다민족이지만 독특하게 유지해 왔던 미국적 애국심도 훼손될 테고. 그런 사태가 계속되면 미국이라는 나라도 쪼그라들게 되겠지."

  철학자 구보 씨의 세상 생각

“그 말도 결국 유지할 수 있는 한 큰 게 좋다는 얘기고…….”

“허, 뭐, 꼭 그렇게 표현하고 싶다면야……그럼, 구보 넌 큰 게 나쁘다는 거야?”

“반드시 나쁘다는 건 아니지만, 부담스럽다는 거지. 적어도 우리는 크지도 않고 또 충분히 크기도 어렵잖아. 그런 처지에서 크기에 집착하다간 자칫 사대(事大)에 빠질 위험이 있다구.”

“사대? 사대주의 말이야?”

“그래. 난 중국을 생각할라치면 맹자 양혜왕(梁惠王)편의 한 구절이 자꾸 떠올라. 지혜롭다는 것은 작은 것이 큰 것을 섬기는 것이다(惟智者 爲能以小事大), 작은 것이 큰 것을 섬기는 것은 하늘을 두려워하는 것이다(以小事大者 畏天者)…… 중국엔 예부터 사대를 조장하는 이데올로기가 준비되어 있었다구.”

“구보야, 나도 중국의 영향이 걱정되긴 하지만, 그렇게까지 말하는 건 좀 오버센스 같은데…….”

“글쎄 말이야, 내 생각에도 내가 좀 과민한 것 같긴 해. 얼마 전엔 「카운트다운」이라는 영화를 보면서도 사대주의 생각을 했다니까.”

“카운트다운?”

“그래, 거기선 전도연이 사기꾼 여자로 나오거든. 이 여자가 술집에 앉아서 미리 찍어둔 남자를 꼬시는 거야. 술 한 잔 같이 하자고 나름 교태를 부리고 나선 이렇게 묻지. 당신 건 큰 편이에요? 난 좀 큰 게 좋아요.”

“허허······.”

“근데, 이 남자 당황해하면서 말하는 거야. 네, 동양인치고는 큰 편입니다.”

“쩝······.”

“그 친군 그래서 결국 신세 조진다구. 사대주의의 슬픈 종말인 셈이지.”

영화 「카운트다운」의 한 장면

   철학자 구보 씨의 세상 생각

구보 씨,
거듭 크기를 생각하다

구보 씨는 아무거나 잘 먹는 편이지만 많이 먹진 않는다. 특별히 좋아하는 음식도 싫어하는 음식도 없다. 기왕이면 새로운 걸 맛보고 싶어 하지만, 지나치게 비싸거나 희귀한 건 쉽게 포기하거나 사양한다. 아무리 색달라 봤자 그게 먹을 거라면, 그저 한 입의 호사일 뿐이라고 생각해서다. 요리라는 게 이로 저작(詛嚼)되고 침과 섞여 목구멍으로 넘어가면 그걸로 제 임무는 끝나는 것 아닌가. 달갑게 넘길 수 있으면 그것으로 좋은 음식이다. 제깟 것이 맛이 있으면 얼마나 있겠는가.

사실 우리가 유쾌하게 식사를 하는 데는 얼마나 맛있는 요리를 먹느냐보다 어떤 상황에서 누구랑 먹느냐가 더 중요하다. 그래서 요새 구보 씨는 살이 찌나 보다. Y랑 밥을 먹는 일이 없어서다. Y는

입이 까다롭다. 나오는 말뿐 아니라 들어가는 음식도 여간 깐깐하
지가 않다. 우선 식재료가 얼마나 신선한 것이냐를 따진다. 날 것
을 잘 먹는데, 과일이나 야채 말고도 생선회나 심지어 육회까지 즐
긴다. 젊은 날, 놀래켜 줄려고 산낙지를 사 줬다가 툭하면 그걸 먹
으러 가자고 해서 곤욕을 치른 기억이 있다.

　"구보야, 난 '이 징그러운 걸 어떻게 먹어요?' 하고 내숭떠는 치
들은 정말 밥맛이더라. 어떻게 먹긴? 요렇게 기름장 찍어 먹지."

　"그렇다손 쳐두 이런 걸 굳이 찾아다니면서 먹을 건 뭐누? 입 안
에서도 꿈틀거리고 쩍쩍 달라붙는 걸 씹어 삼킨다는 건 아무래도
좀 야만적이라구."

　"야만적? 그건 엉터리 편견이야. 먹을 게 없어 썩은 고기나 먹고
그래서 후추나 찾던 애들이 더 야만적이지."

　"우리네 젓갈이나 김치도 일종의 썩은 건데? 치즈나 김치 같은
건 훌륭한 음식 문화라구. 어떻게 보면 끓이거나 구운 것보다 발효
시킨 음식이 더 문화적인 것이라고 할 수 있어. 거기에는 시간이
개입하거든. 날 것은 직접적인 것이구 말이야."

　"그게 편견이고 단견이라는 거야. 신선한 먹을거리가 부족하니
까 말리고 절이고 발효시켜 저장해서 먹은 거지, 이제 다시 신선하
고 자연 그대로의 음식을 찾는 건 정말 자연스러운 일이라구. 너
좋아하는 헤겔 식으루 말하면 정(正)에서 반(反)을 거쳐 다시 합
(合)으로 가는 거야. 그러니까 나는 삶은 것두 먹구 삭힌 것두 먹구
이렇게 생생한 것두 먹잖니."

　　　　　　　　　　철학자 구보 씨의 세상 생각

영화 「올드보이」의 한 장면

"얼씨구, 그건 헤겔이 들으면 밥맛 떨어질 얘기구, 어떻든 이것저것 괜찮은 먹을거리가 많은 세상에서 굳이 꿈틀거리는 것까지 찾아 먹을 건 뭐냐는 거지."

"맛있잖아."

"글쎄, 맛이라는 게 거기서 거기 아닐까. 인간 혀의 미뢰(味蕾) 숫자는 아무리 많아야 만 개가 안 된다구. 느낄 수 있는 맛의 종류도 기껏 다섯 가지 정도고. 뭐, 냄새나 촉감도 중요하다고는 하지만, 내 생각엔 맛을 대단한 것처럼 내세우는 건, 더구나 그걸 예술이니 뭐니 해서 치켜세우는 건 일종의 사기가 아닐까 싶어."

"구보야, 니 짐깐 혀 좀 내놔 봐."

"아니, 또 왜?"

“잠깐이면 되니까 내밀어 봐.”

“체…… 이렇게?”

“어디 봐. 어, 멀쩡하네? 그럼 넌 혀가 문제가 아니라 머리가 문 제가 보다. 맛을 느끼는 건 사실 혀가 아니라 머리거든. 넌 맛을 관 장하는 뇌세포가 둔하거나 채 분화되지 않은 게 분명해. 말하자면, 머리가 나빠서 맛을 잘 모른다는 얘기지. 헤헤…….”

천만에. 그건 오해다. 이래봬도 구보 씨는 누구보다도 맛에 민 감하다. 다만 그 민감함을 배타적으로 중시하지 않을 뿐이다. 그건 먹는다는 행위 자체에 대한 경계 때문일 수도 있다. 생각해 보라. 먹는 행위야말로 얼마나 파괴적이고 자기중심적인가. 먹는 일은 내가 아닌 것들을 부수고 찢어서 나의 일부로 재구성해 내는 절차 다. 말하자면 타자(他者)의 해체와 동일화가 먹는 행위의 목표다. 나의 해체가 아니라 타자의 해체, 타자로의 접근이 아니라 나로의 동일화가 관건인 것이다. 먹는다는 일은 동일화하는 자기의 고유 한 행위다.

먹는 과정을 생각해 보라. 거기엔 우선 우리 몸에서 가장 단단 하고 파괴적인 부분인 이빨이 관계한다. 절단과 분쇄가 그 임무다. 하얀 이빨의 건치미(健齒美)는 그 기능의 원활한 수행이 유기체의 우월한 정상성을 보장하고 있음을 나타내는 과시적 신호다. 이빨 로 으깬 다음 우리는 그 음식물을 더욱 분해하기 위해 위장이라는 이름의 자루로 에워싼다. 언젠가 도올(檮杌) 김용옥은 방송 강의에

                                        철학자 구보 씨의 세상 생각

서 심오한(!) 질문을 던진 적이 있다. 뱃속의 음식물은 우리 안에 있는 것인가 우리 밖에 있는 것인가? 각종 효소로 분해되어 걸쭉해진 음식물, 그런 상태라도 흡수되기 전의 음식물은 내 몸에 갇혀 있는 것이지 진정 내 몸 속에 있는 것은 아니지 않겠는가.

뱃속의 음식물은 아직 내가 아니다. 우리는 이 타자를 다 우리로 만들지도 않는다. 필요한 영양소는 흡수하는 한편, 쓸모없는 부분은 걸러내어 몸 주머니 바깥으로 버린다. 이른바 배설이다. 이 배설이 또 문제다. 오늘의 문명은 배설물이 선순환(善循環)하는 길을 막아버렸으므로, 먹는 일과 싸는 일의 관계는 먹히는 것과 먹는 자의 관계와 마찬가지로 끔찍하게 일방적이 되어버렸다. 평균적으로 인간은 평생 20톤 이상의 식량을 먹어치운다. 몸무게의 400배 정도다. 그러고도 자연에 자연스럽게 돌려주는 바는 거의 없다.

인간보다 많이 먹는 동물들도 있다. 대표적으로 몸무게 3톤의 코끼리는 하루 200킬로그램 이상의 먹이를 먹는다. 하지만 코끼리의 숫자는 전 세계적으로 100만이 안 되니, 70억의 인구에 비할 바가 아니다. 더구나 코끼리는 먹는 양의 절반 정도를 배설한다. 그 배설물은 벌레들의 먹이가 되어 자연으로 돌아간다. 사람들이 땔감으로 이용하기도 한다. 최근 태국에서는 코끼리 배설물로 종이를 만든다고 해서 화제가 된 적도 있다. 코끼리 한 마리가 하루에 싸는 똥으로 신문지 250장 정도에 해당하는 종이를 만들 수 있다고 한다. 그런데 오늘날 인간의 똥은 어디에 소용이 되는가?

먹는 것은 내세울 만한 멋진 일이며 싸는 것은 숨겨야 할 더러운 일이라는 생각은 단선적이다. 그것은 자기 위주로만 자연의 과정을 대하는 뻔뻔한 문명의 결과다. 그러나 동화(同化)와 이화(異化)는 일방적일 수 없는 서로의 이면(裏面)이다. 우리는 끝내 먹기만 할 것 같지만, 실은 그렇지 않다. 살아 있으면서도 무수한 생명들에 먹히며(살갗과 뱃속에 기생하는 생물체들을 생각해 보라), 결국은 분해되어 흙과 공기로 흩어지고 만다. 자연스러운 이 과정을 봉쇄하여 우리는 마치 동화만이 가치로운 일인 듯, 먹는 것만이 유의미한 일인 듯 살아가려고 한다. 먹는 일에, 맛에 집착하는 것이, 이미 원활치 않은 이 순환의 길을 더 틀어막는 데 기여하지 않을까 우려스럽다.

물론 먹는 일은 중요하다. 먹지 않으면 우리는 스스로를 키우고 유지할 수 없다. 제대로 된 성체(成體)로 자라나기 위해서는 태아(胎兒) 때부터 잘 먹어야 한다. 성체가 되는 과정은 이렇게 외부의 양분을 받아들여 자신을 키우는 과정이다. 수정체(受精體)부터 보면 그 크기는 도대체 몇 배로 늘어나는 것일까. 나라는 생명체가 살아나가는 것은 이렇듯 내가 아닌 것을 나로 만들고 유지하는 과정이다. 그런데 이것은 거꾸로 생각하면 나는 내가 아닌 것에 그만큼 의존하고 있다는 말이 된다. 나는 내가 아닌 것을 먹어서 지금의 나를 이룬다.

'인간은 그가 먹는 것이다'라는 포이어바흐의 말은 바로 이런 의존성을 잘 드러내 준다. 여기서 부각되는 것은 인간의 능동적 주체성이 아니라 물질적 제약성이다. 인간은 그가 먹는 것이니 좋은

   철학자 구보 씨의 세상 생각

걸 먹어 훌륭한 인간이 되자는 뜻이 아니다. 그렇게 이해하는 것은, 낙지를 먹는 인간은 곧 낙지라고 이해하는 것만큼이나 한심스러운 일이다. 존재론적으로 따지면, 먹히는 것이 먹는 것에 우선한다. 먼저 식물이 있어야 그것을 먹는 동물이 있을 수 있는 것 아닌가. 우리는 자연을 인간적인 것으로 동화하지만, 그렇게 동화되는 세계가 우리에 우선하며 우리를 제약한다.

아, 그러나 먹는 이야기를 하다가 큰 주제를 잊어 먹진 말자. 구보 씨가 새삼 먹는 것에 대한 생각을 떠올린 것은 사실 크기의 문제 때문이다. 대국(大國)이 문제고 국가의 크기가 문제라면, 그 크기의 소종래(所從來)가 또한 문제이지 않겠는가. 로마가 로물루스 형제의 소읍(小邑)에서 시작하였듯이 처음부터 큰 국가가 존재하는 것이 아니라 커나가는 것이라면, 생명체가 성장할 때 그런 것처럼 국가에게도 먹이가 필요하고 동화의 과정이 필요하지 않겠는가.

그런데 만약 이것이 비유에 그치는 것이 아니라면 정말 큰일이다. 생명체는 그 먹이를 외부에서 구하지 않을 수 없는 까닭이다. 생명체는 커나가기 위해서만이 아니라 스스로를 유지하기 위해서도 먹이를 필요로 한다. 사회나 국가도 그럴까? 자족적인 사회나 공생(共生)의 관계를 생각하는 것은 냉혹한 세계 질서 앞에서 한낱 공상에 불과한 것일까?

크고 힘센 존재가 작고 약한 존재를 먹이로 삼는 것은 자연의 순리로 여겨지곤 한다. 그래서 우리는 먹히고 피해당하지 않기 위해서라도 크고 힘센 존재가 되거나 최소한 그런 존재에 기댈 수 있기를 바란다. 악어의 먹이가 되기보다는 차라리 악어가 되는 편이 낫지 않은가. 또 그것이 불가능하다면 최소한 악어새의 처지라도 되어야 하지 않겠는가.

하지만 비록 비현실적인 것으로 보일지라도 먹는 것에 대한, 동화와 자기 확장의 방식에 대한 반성이 필요하지 않을까, 라고 구보 씨는 생각한다. "엄마, 곰이 나를 먹고 있어요." 몇 달 전 러시아에서 야생 곰의 습격을 받은 젊은 처자가 죽기 전에 휴대폰으로 통화한 내용이 세간에 전해진 적이 있다. 인간이 다른 동물에 먹힐 수 있다는 것을 보여준 이 끔찍한 사태는 우리가 먹는다는 것이 무엇을 의미하는가에 대해서도 다시 생각하게 해 준다.

애가 대체 무슨 말을 하고 있는 거야? 그런 어이없고 무참한 일이 다시는 일어나지 않도록 해야지, 뭐, 먹는 것에 대한 반성이라구? Y가 있었다면, 구보 씨는 아마 크게 핀잔을 들었을 것이다. 그렇긴 하다. 하지만 먹히는 것은 누구에게나, 어떤 존재에게도, 참혹한 일이 아닐 수 없다. 그런데도 우리는 그저 무심하게 먹는 일에 열중할 수 있는 것일까.

구보 씨,
여전히 크기를 생각하다

세상에 글 잘 쓰는 이들이야 많고 많지만, 스티븐 제이 굴드는 그 가운데서도 구보 씨가 몇 손가락에 꼽는 사람이다. 구보 씨는 20여 년 전 『다윈 이후』라는 책을 처음 대했을 때의 감흥을 아직도 잊지 못한다. 그 책을 읽는다고 밤을 꼴딱 새운 것은 당시 구보 씨가 젊고 팔팔했기 때문만은 아니었다. 굴드는 유명한 고생물학자고 과학사가지만, 인문학적 소양도 누구 못지않다. 덕택에 그의 글에는 다른 데서는 찾기 힘든 종합적 미덕이 넘쳐난다. 수수께끼와 추론이, 그것을 뒷받침하는 데이터가, 날카로운 비판과 풍부한 유머가, 그리고 무엇보다도 우리의 통념을 깨는 매력적인 통찰이 있다.

굴드가 괴팍하고 뻔뻔하고 심지어 야비하기조차 하다는 평가가 없는 것은 아니다. 대중적인 과학적 글쓰기에서 어쩌면 굴드보다 더 잘 알려진 리차드 도킨스 진영과 오랫동안 각을 세우고 논쟁을 해온 탓이 클 것이다. 도킨스와 굴드는 동갑내기(1941년생)인데, 안타깝게도 굴드는 십 년 전에 세상을 떠났고, 도킨스는 아직도 활동 중이다. 도킨스의 출세작인 『이기적 유전자』(1976)가 나온 시기나 굴드가 《내추럴 히스토리》에 연재했던 글들을 모아 에세이집 『다윈 이후』(1977)를 펴낸 시기도 비슷하다. (굴드의 그런 에세이집은 이후 아홉 권이 더 나왔다.)

『이기적 유전자』도 정말 뛰어난 책이고 그 성가(聲價)는 아마 『다윈 이후』보다 앞설 것이다. 그렇지만 글의 멋이나 맛은 굴드가 낫다는 게 구보 씨의 생각이다. 더구나 구보 씨가 보기에는 진화론의 쟁점들에 관해서도 굴드의 손을 들어주고 싶은 대목이 많다. 우리나라에서는 도킨스에 호의적인 최재천 같은 이들이 큰 활약을 하는 바람에 이 둘에 대한 평가가 치우치거나 기운 면이 있다. 다윈주의를 소개하고 전파하는 데 공로가 큰 최재천은 사회생물학의 창시자로 유명한 에드워드 윌슨의 제자다. 윌슨의 『통섭』이라는 책을 번역하기도 했다. 그렇지만 사회생물학은 환원주의와 과학주의의 색채가 짙은 문젯거리 기획이다.

구보 씨가 여기서 자기의 전문 분야도 아닌 영역의 문제를 시시콜콜 따져보려는 것은 아니다. 굴드와 도킨스의 논쟁에 대해 알고 싶은 사람은 『도킨스 대 굴드(*Dawkins vs Gould: Survival of The Fittest*)』라는 제목의 책이 있으니 그걸 보면 된다. 하긴 그 책을 지은 사람도 킴 스티렐니(Kim Sterelny)라는 철학자다. 이 책은 우리

철학자 구보 씨의 세상 생각

나라에『유전자와 생명의 역사』라는 딱딱하고 밋밋한 제목으로 번역되었는데, 왜 그랬는지 아쉬운 일이다. 200페이지 남짓의 자그마한 책에, 굴드와 도킨스의 공통점과 차이점이 잘 정리되어 있다.

"대체 그 차이가 뭔데?"

Y라면 못 참고 이렇게 물었을 것이다. Y가 없으니 정말 아쉽다. 글쎄, 구보 씨 식으로 쉽게 말하자면, 스케일의 차이라고나 할까, 개방성의 차이라고 할까, 아쉽지만 쉽게 말하기가 쉽지 않다. 잘 알려진 것처럼 도킨스는 생존과 진화의 주체가 유전자라고 보는 데 반해, 굴드는 고생물학자답게 생물의 진화에는 환경 변화의 역할이 크다고 생각한다. 흔히들 쉽게 생각하는 바와는 달리, 각 유전자의 역할을 정확히 특정(特定)하기는 어렵다. 생물체가 살아가는 데 작용하는 형질은 여러 유전자들과 환경의 복합적인 관련하에서 나타나기 때문이다.

굴드의 이론 가운데 명시적으로 이름난 것은 '단속(斷續) 평형설'이다. 생물체의 진화적 변이가 누적적으로 일어나는 것이 아니라 단절과 안정의 시기를 겪는다는 것이 핵심이다. 얼핏 토마스 쿤의 과학 혁명 이론을 떠올리게 하는 주장이다. 상대적으로 짧은 기간에 중요한 변화들이 일어나고 그 결과들이 적응에 의해 걸러져서 한동안 유지된다는 것이다.

5억 3천만 년 진의 캄브리아기에 다세포 동물의 다양한 얼개가 폭발적으로 나타났고 그 이후로는 이때에 비견할 만한 생물의 기초적 구조가 생겨나질 못했다. 또 잘 알려진 것처럼, 6500만 년 전 소행성의 충돌로 공룡을 비롯하여 많은 동식물이 사라지는 대규모 멸종 사태가 벌어졌다. 그에 따라 생물의 판도가 현격하게 바뀌었고, 인류도 그러한 변화에 힘입어 등장할 수 있었다.

소위 창조론자들 중에는 이처럼 단속적 변화를 내세우는 굴드의 주장을 자기네 구미에 맞게 이용하려는 사람도 있다고 들었다. 굴드의 입장에서 보면 황당한 일이다. 굴드는 다만, 진화가 그렇게 규칙적으로나 일정한 패턴으로 일어나는 것이 아니라는 점, 또 진화는 급격한 외부 환경의 변화나 이미 이루어진 생물 계통의 내적 조건에 의해 크게 제약된다는 점 등을 강조할 뿐이다. 진화에 어떤 섭리 같은 필연성이 있는 것은 아니다. 가령, 공룡의 대멸종이 없었다면 오늘날 포유류의 번성이 있기 어려웠을 테지만, 또다시 유사한 상황이 일어난다고 해도 인간과 같은 종이 재출현하리라는 보장은 없다.

더욱이 굴드는 인간이 이 지구의 지배적인 생물체라고 보지 않는다. 그렇게 생각하는 건 정말 인간 중심주의적인 편견이라는 것이다. 굳이 지구에 주인인 생물이 있다고 말해야 한다면, 그것은 오히려 박테리아 같은 종류다. 생명의 역사가 시작된 이래 정말 오랜 기간 생존해 왔을 뿐 아니라, 수나 양으로 보아도 압도적인 건 박테리아를 비롯한 미생물이다. 복잡해진 생물체는 그 항상성을 유지하기 위한 장치를 몸에 내장(內臟)하여 적응력을 개선한 것으로 보이지만, 적응의 한계를 넘어서는 환경을 만나면 그런 복잡성

  철학자 구보 씨의 세상 생각

이 오히려 장애가 되지 않을 수 없다. 그래서 정말 탄력성과 안정성을 구비한 생물체는 복잡한 형태의 다세포 생물이 아니라 박테리아 같은 상대적으로 단순한 부류다. 소행성의 충돌 따위로 지구에 큰 변화가 일어날 경우에도 생물계를 재건할 기초가 되는 층은 이런 부류일 것이다.

그러니까, 생물학적 견지에서 보더라도 꼭 크고 복잡한 게 좋은 건 아니야, 라고 구보 씨는 생각한다. 큰 건 그 크기에 따른 제약이 있기 마련이다. 공상과학 영화에서처럼 사람보다 큰 거미나 벌 따위가 실제로 나타날 수 없는 이유도 여기에 있다. 거미나 벌 같은 생물은 몸을 지탱해 주는 골격이 없기 때문에 일정 정도 이상 커지면 중력을 이겨내면서 몸의 형태를 유지할 수가 없다. 큰 몸집을 유지하려면 뼈가, 특히 척추를 중심으로 한 뼈대가 있어야 한다. 대왕오징어 같은 예외가 있기는 하지만, 그런 부류는 중력의 부담을 상쇄할 수 있는 물 속에서 산다. 고래가 가장 큰 동물일 수 있는 이유도 바다 생물이라서다.

굴드의 에세이집을 뒤적이다 보면 크기에 관한 흥미로운 얘기들을 더러 찾을 수 있다. 『다윈 이후』에는 구보 씨가 인상 깊게 읽었던 '크기와 형태'라는 제목의 글이 실려 있는데, 그 마지막은 이렇게 끝난다.

언젠가 나는 뉴욕 시의 어느 운동상에서 어린이들의 대화를 엿들은 적이 있다. 소녀 둘이 개의 크기를 따지고 있었다. 한쪽이 물었다. "개가 코끼리만큼 자랄 수 있을까?" 다른 아이가 대꾸했다. "아니야. 코끼리만큼 커지면 모양이 코끼리 같을 거야." 정곡을 찌른 대답이었다.

지상의 동물들은 일정한 크기를 넘어서면 그 형태상의 제약을 따르지 않을 수 없다. 굵은 다리와 짧고 뚱뚱한 몸통을 갖게 되는 것이다.

이런 점에서 보면, 키에 대해 과다한 관심을 보이는 근래의 풍조는 검토와 반성의 대상이 아닐 수 없다. 키가 크면 좋은 점들도 있을 테지만, 몇몇 스포츠 경기에서가 아닌 다음에야 오늘날의 환경에서 그 기능상의 이점이 얼마나 되겠는가. 키는 성장기의 영양 상태가 어떠했는가를 보여주며 그래서 키 큰 사람이 매력적으로 보인다는 진화심리학 논의도 일리는 있다. 그러나 그것도 어느 정도다. 요즘처럼 키 작은 사람에게 열패감을 안겨주는 분위기는 구보 씨가 보기에 정말 이상스럽다.

게다가 키가 큰 건 좋아하면서 머리가 큰 건 또 기피한다. 왜인가? 늘씬한 다리에 조막만한 얼굴이라…… 결국 서구인의 외모가 기준이지 않은가. 그렇다면 그건 신종 사대주의의 일환인 셈이다. 하지만 이상하다. 큰 것을 섬기는 사대주의가 정작 머리가 큰 것은 싫어하다니…… 이것 또한 아이러니컬한 일이 아닌가.

머리하고 얼굴이 크면 팔베개를 해 주기 힘들어서 말이지…… 얼마 전 술자리에서 구보 씨가 이런 식의 불만을 늘어놓자, 누군가 키득거리며 대꾸했다. 자고 일어났는데, 옆에 커다란 머리가 놓여

    철학자 구보 씨의 세상 생각

있다고 생각해 봐. 부담스럽지 않겠어? 그리고 얼굴이 크면 여자들 화장품도 많이 들잖아. 화장하는 데 시간도 많이 걸리고…… 하하…… 술이 몇 순배 돌아 다들 진지하기 어려운 분위기이긴 했다.

구보 너, 자꾸 크기, 크기 하는 것 보니까 크기에 콤플렉스 있는 거 아냐? 라고 또 다른 누군가가 받는다. 뭐, 그럴 거 없다구. 기능이 꼭 크기에 비례하는 건 아니니까. 사실, 머리 작은 거 좋아하는 풍토도 그래. 머리가 크다고 머리가 좋은 건 아니거든. 오히려 같은 값이면 작은 게 더 낫잖아. 요즘 반도체랑 IC를 봐. 같은 크기에 얼마나 많은 걸 집어넣느냐가 문제라구. 머리도 마찬가지야. 커서 좋은 게 아니라, 그 안에 얼마나 주름이 많이 잡히고 얼마나 담긴 게 많은가가 중요하니까. 하여튼 구보야, 그런 걸루 골머리 쓰지 말고 시원하게 한 잔 하자. 가끔 이렇게 알코올로 머리를 적셔 줘야 뇌가 불었다 줄었다 하면서 그 안의 주름이 늘어난다구, 하하…….

그러고 보니 같이 맥주잔을 기울이고 있던 친구들 중에선 구보 씨가 키는 작고 머리는 큰 편이었다. 같이 학교를 다닐 때에는 거의 의식하지 못했던 일이다. 졸업하고 새삼 키나 머리통의 크기에 변화가 생겼을 리는 없으므로, 구보 씨는 가만히 있는데 주변 환경이 불리한 쪽으로 이동한 셈이다. 장마도 끝나고 이제 막 찌기 시작하는 무더운 여름밤, 세월이 가도 여전히 적응이 쉽지 않은 세상의 한 귀퉁이에서, 구보 씨는 한 잔씩 할 때마다 괜히 머리가 더 커지고 무거워지는 느낌이었다.

구보 씨,
안철수의 크기를 생각하다

　며칠 전 TV에서 안철수가 출연한 〈힐링캠프〉라는 프로를 보다가 구보 씨는 문득, 머리 크고 키 작은 것으로야 안철수가 구보 씨보다 결코 못하지 않다는 사실을 새삼스레 깨달았다. 키 크고 머리 작은 걸 좋아하는 세상이라지만, 세간의 기준도 사람 나름으로 통하는 것인가 보다.

　하긴, 보이지 않는 키도 있으니까…… 구보 씨는 인천 출신의 옛 친구 한 명을 떠올렸다. 키가 꽤 작은 편이었던 그 친구는 그런 단점(短點)에 전혀 굴하지 않고 기회 있을 때마다 자신의 ‘정신적인 키’를 내세웠다. “오해하지 마라. 이래 봬도 마음만은 껑다리다.” 요새의 〈개콘〉 버전으로 하면 이런 식이었다고 할까. 실제로 마음의 길이를 재어보지 못했으나, 언제나 여유 있고 푸근한 친구였다.

　　　　　　　　　　철학자 구보 씨의 세상 생각

그렇다면 안철수의 정신적인 키는 얼마나 될까. 구보 씨는 그 프로 내내 앉은 모습만 보여주는 안철수의 정신적 키를 가늠하려고 애썼다. 그간의 고심이 처음의 긴장한 표정에서 언뜻 드러나기도 했다. 미간에 세로 주름이 잡히고 흰 머리도 늘었다. 어떻게 그렇지 않을 수 있겠는가.

이제 안철수가 정치 일선에 나서는 것은 확실해 보였다. 〈힐링 캠프〉만이 아니라 최근에 펴낸 책 『안철수의 생각』을 보면, 그 준비를 상당 기간 해 온 것을 확인할 수 있다. 직접적인 경험은 부족할지라도, 과외 수업을 통해서건 개인적인 노력을 통해서건, 우리 사회의 주요한 사안들에 대해 나름의 견해를 피력할 수 있는 준비를 꽤 갖추었다. 이것은 좋은 일인가, 나쁜 일인가?

아직 나쁠 건 없다는 게 구보 씨의 생각이다. 안철수 효과는 일단 긍정적이다. 기성의 정치에 대한 변화 요구를 대변하는 것만으로도 말이다. 그 효과를 좀 더 이어나가는 것이 좋지 않은가.

안철수 현상에 대해서는 이미 더 보태기 어려울 정도로 말들이 많다. 그런데 구보 씨로서는 논의의 중심을 약간 빗겨나 특기하고 싶은 것이 있다. 그것은 안철수의 경우가 이제는 거의 잊힌 옛 지도자상의 이상적(理想的) 전통을 보여준다는 점이다. 무릇 지도자나 통치자는 자신이 잘났다고 나서는 것이 아니라, 그 능력과 인품을 아는 주변 사람들이 추천하고 밀어 올리는 것이라는 전통 말이다.

그런 전통이 정말 있느냐구? 물론이다. 따지자면 요순(堯舜) 시대부터다. 요임금과 순임금은 그 덕성으로 임금이 되었고 하(夏)나라를 연 우(禹)임금은 치수(治水)의 능력을 인정받아 왕위에 올랐다. 당시에는 스스로 왕이 되고자 악다구니를 쓰지 않았다. 오히려 훌륭한 인물을 찾아 임금으로 세우는 것이 과제였다. 그럼에도 한편에서는 세속의 권력을 탐하는 것을 부끄럽게 여기고 기피하는 분위기마저 있었다. 자신에게 임금 자리를 물려주려 한다는 말을 듣고 강물에 귀를 씻었다는 허유(許由)의 이야기가 대표적이다.

중국만 그런 것이 아니다. 신라의 시조 박혁거세도 추대로 임금이 되었고 이후 석탈해나 김알지 등 다른 성씨들이 돌아가며 왕 노릇을 했다. 구보 씨가 어릴 때만 해도 그런 전통의 자취가 남아 있었다. 남 앞에 함부로 나서거나 스스로 우두머리가 되려는 것은 염치없는 짓이었다. 이러저런 자리에 추천이 되더라도 더 적합한 사람이 있다면 그 사람에게 양보하는 것이 도리라고 배웠다. 학급의 반장 선거에서 자기 이름을 적는다는 것은 생각하기 어려운 낯 뜨거운 일이었다.

물론 이런 방식이 유지될 수 있는 것은 그 자리가 크게 이익이 되는 것이 아닐 경우다. 부족 모임에 가까운 옛 국가에서는 왕이라고 해 봐야 큰 권한을 누린다기보다는 책임을 져야 할 일이 많았다. 오늘날도 위세는 없고 책임만 많은 자리는 서로 미루지 않은가. 왕위에 대한 욕심이 강해지고 세습이 일반화한 것은 챙겨 가질 것이 많아진 이후였다. 중국에서는 하나라 우왕의 아들인 계(啓)로부터 세습이 행해졌고 우리의 경우도 2~4세기경에 이르면 세습이

    철학자 구보 씨의 세상 생각

〈힐링캠프〉에 출연한 안철수

확립된다. 그렇더라도 덕 있는 자에게 왕위를 물려준다는 선양(禪讓)의 정신은 오랫동안 유교 정치의 이상으로 남아 있었다.

　민주주의 시대에 선양이니 덕치니 하는 것은 잘 어울리지 않는 말이다. 민주(民主)의 민이 단일한 것이 아닌 한, 오늘날의 정치는 이해관계의 반영이고 조절임이 명시적으로 드러나기 때문이다. 그러나 그 조절이 온갖 밀쳐내기와 나눠먹기로 행해지고 강자에 빌붙기와 약자를 억누르기로 이뤄질 때, 도덕적인 지도자에 대한 갈망이 커지는 것을 나무랄 수는 없는 노릇이다. 이해관계로 엮인 정치의 장에서 단련이 된 인물들보다 정치에 대한 야심이 원래 없거니 약했던 인물들이 인기를 얻고 있는 오늘의 사태는, 누구나 인정하듯 기존 정치에 대한 깊은 불신의 증거다.

안철수 스스로 밝히고 있는 것처럼 주변에서 부추기고 유혹하는 일이야 벌써 오래전부터 있었다. 만일 정치적인 야심이 본래 있었다면 일찌감치 등장했을 것이다. 이명박과 다른 부류의 또 하나의 성공 신화를 바탕으로 한다는 설명만으로는 안철수 현상을 해명하기에 많이 부족하다고 구보 씨는 생각한다. 안철수를 'IT시대의 이명박'이라고 하는 것으로는 그가 내보이는 도덕성과 상식적 합리성에 대한 세간의 평가와 기대를 가늠하기 어렵다.

안철수의 긍정적인 이미지에서 큰 자리를 차지하는 것은 사심 없음이고 공익 지향성이며 약자에 대한 관심이다. 백신 개발과 무료 배포로 이름이 알려지기 시작한 이래, 그는 20여 년간 그런 이미지를 지키고 키워 왔다. 박원순에 서울시장 후보를 양보한 이유도 박원순이 그 자리에 더 적합하다고 판단해서라고 알려져 있다. 이런 안철수의 판단 방식은 이상적인 지도자의 선정에 대한 전통적인 상과 들어맞는다. 또 그렇게 양보할 수 있을 정도로 사심 없는 인물이라면 더 큰 자리에 적합할 것이라고 기대하는 대중들의 판단 또한 지도자 선정의 전통적인 상과 어울린다.

"철학자로서야 그런 면에 주목할 수도 있겠지. 하지만 내가 듣기에는 굉장히 나이브한 생각이야."

C는 언제나 그렇듯 약간 비관적이다. 한 명뿐인 직원마저 휴가 간 출판사의 사무실에는 이 더운 여름에도 에어컨을 틀지 않아 가만히 앉아 있기에도 텁텁하고 후덥지근하다. C는 에어컨을 켜면

　　　　　　　철학자 구보 씨의 세상 생각

금방 머리가 아프다고 했다.

"불과 5년 전을 생각해 봐. 그때 이명박의 지지율은 지금 안철수의 지지율을 훨씬 뛰어넘었다구. 이명박이 도덕적이고 이상적인 지도자 상에 걸맞아서 그랬을까? 천만에. 오히려 거꾸로였지. 이명박의 비도덕성이 분명히 드러나고 있음에도 사람들은 그 점에 대해 눈을 감았어. 반면에 문국현은 또 어땠어? 문국현은 서투르게나마 이명박과 다른 윤리적 사회 경영을 내세웠지만 결과는 허망했지. 대중은 도덕성을 이유로 대통령을 뽑지 않아."

"나도 물론 도덕성만으로 대통령이 될 수 있다는 건 아니야. 그러나 지금 우리 사회는 확실히 정치에서의 도덕성을 요구하고 있다는 거지. 심지어 박근혜조차 신뢰성과 약속 지키기를 자신의 장점으로 내세우고 있잖아. 이게 다 이명박 정권에 대한 반작용이라고 할 수도 있어. 하지만 그런 요구의 뿌리를 전통에서 찾는 것이 무의미하진 않을 거야. 어떤 요구든 잠재된 바탕 위에서라야 힘을 발휘할 수 있는 것이니까 말이야. 그래서 민중의 요구는 때로 변덕스러워 보이지만 그렇게 흔들리면서도 결국은 제 갈 길을 잡아나가는 것이 아닐까……."

"도덕성은 정치에선 양념 같은 거야. 고춧가루를 마구 뿌리거나 소금을 함부로 쳐서 못 먹을 것 같은 음식으로 망가뜨려 내치기는 좋지만, 양념만으론 괜찮은 요리를 만들 수 없다구. 안철수의 경우도 마찬가지야. 이전 음식을 먹어 보니 상한 거라서 신선한 음식을 찾는 건데, 원재료가 부실한 채 몇 가지 양념만으로는 요리가 만들어지지 않거든. 금방 그 한계가 드러나기 마련이라구."

"원재료? 그게 뭐야?"

"정치에서의 재료야 힘이지. 가장 중요한 힘은 이해관계에서 나오는 거고. 그게 곧 쌀과 고기 같은 거야. 물론 도덕성도 힘이 아닌 건 아니고 재료가 아닌 건 아니지만, 그건 어디까지나 부수적인 재료에 지나지 않아. 쌀이나 고기 같은 기본 재료가 부실하면 그 위에 채소나 양념을 아무리 잘 깔아놔 봐야 겉으로만 맛있어 보일 뿐이야. 안철수는 턱없이 부족한 기본 재료로 음식을 만들려는 서툰 요리사와 같다구."

"그럼, 안철수가 안 된다는 거야?"

"대통령 말이야? 글쎄, 될 수도 있겠지. 하지만 결과가 좋진 않을 거야. 안철수는 프랭클린 루즈벨트를 모델로 삼겠다고 하던데, 루즈벨트는 빵빵한 배경에 서른도 안 되어 상원의원으로 정계에 들어선 인물이야. 1932년에 대통령이 되기 전에 관료로 1차 대전도 치르고 부통령 출마도 하고 주지사도 하고 산전수전 다 겪었다구. 뉴딜을 추진할 힘이 그냥 생기는 건 아니야. 안철수는 루즈벨트는커녕 오바마하고도 비교가 안 되지만, 지금 오바마를 봐. 운신의 폭이라는 게 한 뼘밖에 안 되잖아."

"정치인이라면 자신을 지지해 준 사람들이 배경이지 않을까? 그들의 요구가 힘이고 말이야."

"하하…… 물론, 그렇게 말할 수도 있지. 하지만 노무현의 경우를 생각해 봐. 지지자를 계속 잡아두려면 그들의 요구에 맞는 무언

                철학자 구보 씨의 세상 생각

가를 줄 수 있어야 한다구. 그런데 무엇을 통해서 그럴 수 있지? 도덕성을 통해서? 그런 양념을 걷어내는 데에는 긴 시간이 들지 않아. 차베스의 베네수엘라나 룰라의 브라질처럼 자원이나 풍부한 나라 같으면, 그간 해먹던 놈들을 쫓아내고 경제를 정상화하면서 대중들의 지지를 계속 끌어낼 수 있겠지. 하지만 우리는 처지가 그렇지도 못한데다가 설상가상으로 앞으로 세계의 경제 상황은, 그러니까 이제 다시 골이 파이기 시작한 공황은 점점 더 심해질 거라구. 우리 같은 경제 구조로는 정말 극복하기 어려운 위기가 다가올 공산이 커. 파시즘으로 안 가면 다행이야.”

“파시즘? 안철수가 말이야?”

“안철수가 직접 그런 길로 가지는 않겠지. 그러나 정치가 여러 갈등을 해결하는 데 무력함을 보이고 경제 상황은 점점 더 어려워지고 그래서 혼란스러운 상황이 계속되면 무력과 선동으로 정권을 잡으려는 전체주의 세력이 득세하지 말라는 법은 없어.”

“하하…… C야, 그렇게까지야, 민주화 이후 20년이 넘었는데…….”

“그래, 나도 안 그러면 좋겠는데, 역사는 전진만 하는 게 아니거든. 지금 이탈리아나 스페인을 봐. 불안불안하잖아.”

“흠…… 그러나저러나 『안철수의 생각』은 읽어 봤지?”

“봤어. 대충…… 그런데 정치가 학습한다고 금방 되진 않으니까…….”

“많이 팔렸다지?”

“글쎄, 20만부는 넘었겠지……."

“하…… 나온 지 1주일 만에…… C야, 근데 너네 출판사에서는
일 년에 책이 몇 부나 나가냐?”

“뭐? 지금 그딴 건 왜 물어?”

철학자 구보 씨의 세상 생각

구보 씨,
사회적 크기를 생각하다

구보 씨는 명색이 사회철학 전공자지만 딱히 '사회적'이진 않다. 오히려 자신이 그다지 사회적이지 못하다는 걸 의식하다 보니 사회적 문제들에 관심을 갖게 되었다고 해야 할지 모른다. 게다가 한편으론 사회철학을 공부하다 보면 부족한 사회성이 메워질 거라는 헛된 기대도 있지 않았을까……. 하여튼 인간이 사회적 동물이라 해서 다 사회적인 건 아니다. 그래서 칸트도 인간의 사회성을 일러 '비사회적 사회성'이라 하지 않았는가.

칸트가 그런 표현을 쓴 데는 당시 부각되어 있던 인간의 이기성에 대한 관심과 긍정이 큰 몫을 했다. 자기 이익을 추구하는 경제적 인간이라는 근대의 인간상에 대한 관심과 긍정 말이다. 사실 이기적 인간과 사회적 인간이란 얼핏 보기에도 서로 모순되는 두 면모지만, 이 두 가지를 함께 이야기하지 않을 수 없었던 것이 근대 유럽의 현실이었다. 이기적인 인간들이 부대끼며 어울려 사는 사회, 그런 사회가 유지될 뿐만 아니라 발전하기도 한다는 점을 인정하고 또 해명해야 했던 것이다.

아담 스미스의 '보이지 않는 손'은 이런 현상에 대한 가장 잘 알려진 대답이다. 직접적인 이기심을 넘어서서 인간 사회를 지탱해 주는 이성적인 법칙이 있다는 것이다. 칸트가 말하는 '비사회적 사회성'에도 비슷한 면이 있다. 각자의 이익을 좇는 것이 인간 본성의 '비사회적' 면이라면, 그럼에도 불구하고 사회가 유지될 수 있는 것은 그런 비사회성을 끌어안는 사회성이 작용하는 탓이다.

그러니까 이 사회성에는 개체의 자기 이익 이상의 무엇이 있다. 칸트는 이런 면모를 역사가 추구하는 이념(理念)과 관련시켜 이해하면서도 그것을 개체를 넘어서는 어떤 실체(實體)로 생각하진 않았지만, 헤겔에 이르면 그와 같은 사회성은 정신(精神)이라는 이름의 실체로 등장하게 된다. 민족정신, 시대정신 같은 초개인적인 무엇이 되는 것이다.

어라, 잠깐! 구보 씨가 이렇게 딱딱한 얘기를 늘어놓으려던 것은 아니었다. 아무 때나 현학적인 철학자 행세를 하려 드는 건 비(非)사회적이고 반(反)사회적인 짓임을 아는 까닭이다. 그건 구보 씨에게 어울리는 사회적 스타일이 아니다. 언제 보아도 우아한 남녀의 오빠 스타일이 아닌 것이다. 구보 씨가 말하려던 것은 다만, 사회

                                철학자 구보 씨의 세상 생각

성에는 우리의 직접성을 뛰어넘는 면이 있다는 것, 그 덕택에 우리의 삶에는 숱한 어려움이 가중된다는 것 정도였다.

아니, 또 잠깐! 그렇다고 구보 씨가 자신의 비사회적인 면을 이기심과 등치하거나 그런 이기심을 인간 본성으로 생각한다는 말도 아니다. 이를테면, 우리는 본래 이기적인 인간인데 필요에 따라 사회를 이루어 살려다 보니 이렇게 힘이 드는 거다, 라는 식으로 말하려는 것이 아니다. 주지하다시피, 인간의 이기성이 부당하게 강조되기 시작한 것은 자본주의 질서가 자리 잡아 나가면서부터였다.

실은, 칸트는 물론이고 아담 스미스도 인간의 본성에 이기적인 구석만 있다고 생각한 것은 아니었다. 그렇게 잘 알려진 사실은 아니지만, 아담 스미스는 『국부론』뿐 아니라 『도덕감정론』이라는 두툼한 책을 썼고(우리말 번역본도 나와 있다), 동정심을 인간의 기본 감정 가운데 하나로 내세웠다. 아담 스미스는 당대의 유명한 지식인이자 역시 동정심을 통해서 인간의 윤리를 설명하려고 했던 철학자 데이비드 흄과 동향의 친구이기도 했다(둘 다 스코틀랜드 출신으로 나이는 흄이 열 살가량 위였다).

인간을 순전히 이기적인 개체로만 보는 것은 두말할 나위 없이 잘못된 생각이다. 그런 생각으로는 그런 식의 견해를 조장하는 자본주의 사회의 현실마저 제대로 설명하지 못한다. 물론 이기심을 강조하는 것이 자본주의하의 탐욕을 정당화하는 데는 꽤 쓸모가 있다. 하지만 탐욕을 부린다 해도 그 탐욕이 소기의 성과를 거두려면 최소한 그럴 수 있는 무대인 사회가 존립해 있어야 하지 않는

가. 그렇기에 이기심도 어떤 질서 속에 있어야 한다는 주장이 나온다. 잘 정돈된 질서 안에서 각자 이기적인 목적을 추구하는 사회가 바람직한 사회라는 얘기다.

현대 자유주의 정의론의 대가라는 존 롤스가 내세우는 정의로운 사회도 따지고 보면 이런 부류의 사회다. 그가 생각하는 정의의 원칙이라는 게 이른바 합리적 이기심을 가진 인간들을 출발점으로 삼기 때문이다. 사회는 이기적인 인간들이 모여 사는 조직인데, 서로가 자기 처지만 생각해서는 그 이기심이 공정하게 추구되기 어려우니, 각자가 다른 처지에 놓일 경우도 생각해서 이기심을 충족시키자는 것이다. 이기주의의 세련된 보편화(普遍化)라고나 할까, 이것은 말하자면 아메리카의 고상한 자유주의 스타일인 셈이다. 그리고 이런 스타일에는 동정심이 필요 없다.

하긴, 오늘날처럼 규모가 큰 사회가 동정심에 입각한 도덕으로 굴러가기는 어렵다. 동정심(同情心)이나 공감(共感)이란 건 원래 소규모 집단을 이루어 살던 시기에 생겨나고 정착된 감정일 테니 말이다. 농경으로 대규모 정착 문명이 일어나기 전, 인류는 오랜 기간 동안 100여 명 정도의, 많아야 200명이 못 되는 규모의 집단 생활을 했다고 한다. 현생 인류로서의 기간만 해도 수만 년이고, 그 이전으로 거슬러 올라가면 수십만 년의 세월이다. 그 흔적은 오늘날에도 남아 있어, 제 아무리 인간관계가 복잡하고 오지랖이 넓은 사람이라고 하더라도 지속적으로 정서적 교감을 나눌 수 있는 상대는 백 명 남짓을 넘기 힘들다.

　　　　　　　　　　　철학자 구보 씨의 세상 생각

그래서, 군대로 따지면 중대(中隊) 규모의 집단이 정서적 교감을 지니고 가장 큰 결속력을 발휘할 수 있는 최대 단위가 된다. 아니, 그렇기에 중대의 크기가 그 정도로 정해졌다고 해야 맞는 얘기일 것이다. 집단이 이 크기를 넘어서면 서로 속속들이 알기도 어렵고 정서적으로 일체감을 느끼기도 곤란해진다. 직접적인 접촉으로 유지될 수 있는 집단의 크기가 생래적으로 정해져 있다는 말이다. 그런데 문제는 우리가 이 크기를 훨씬 뛰어넘는 규모로 삶을 꾸려나가지 않을 수 없다는 데 있다.

자, 그렇다 보니 어떤 일이 일어나는가? 마음과 사회 환경, 심정과 사회 조직 사이에 괴리가 생겨난다. 오늘의 도시 생활에선 수천 수만의 사람들이 우리 곁을 스쳐 지나가지만 그 한 사람 한 사람에게 감정적으로 충실할 여유는 누구에게도 없다. 기억을 동반하는 이지적인 면에서도 그렇다. 기억이란 것이 한계가 있을 뿐 아니라 상당 부분 감정과 엮이기 마련이니 그것은 이상한 일이 아니다. 아무리 큰 규모의 사회 속에 산다 해도 결국 우리가 믿고 결속할 수 있는 사람들은 소수일 수밖에 없다.

한 사회의 지배적인 무리들이라고 해서 다르지 않다. 가령 일국의 대통령이라고 하더라도 그가 관계하는 일차적인 집단의 크기는 백 명 남짓이다. 물론 각각의 사람들이 관계하는 일차 집단은 서로 같지 않게 중첩된다. 그러나 이런 중첩적인 관계가 사회의 구석구석까지 골고루 퍼져가기는 어렵다. 게다가 이해관계가 상충하는 틈새들을 따라 서로의 간극은 크게 벌어지며 집단들끼리의 엮임도 쉽게 적대적인 선들로 균열된다. 심정적 집단의 크기와 실제의 사회적 관계로 얽힌 집단의 크기 사이에서 온갖 문제들이 생겨난다.

"그런데 구보야, 그거 구닥다리 문제제기야. 그렇게 해서는 노자(老子) 식의 소국과민(小國寡民) 얘기밖에 더 나오겠어? 사대주의에 시비를 걸더니 아예 거꾸로 가는구나."

C는 아무래도 강북의 영감탱이 스타일이다. 구보 씨랑 나이는 같은데, 너댓 살은 더 먹은 것처럼 군다. 어릴 적부터 그랬다.

"아니, 그런 것만은 아니야. 이거 보기에 따라서는 민주주의의 핵심 문제라구. 자치(自治)의 문제를 어떻게 풀 수 있느냐의 관건이지. 자유주의자들은 이런 문제를 도외시하잖아. 걔들은 한편으로 기계적이라구. 말하자면, 분해-결합의 스타일이야. 인간을 일종의 레고 조각처럼 보고 필요에 따라 이어다 붙이면 어떤 규모의 어떤 사회건 만들어진다고 생각하니까. 레고 조각만 깨뜨리지 않으면 된다는 거지. 그 조각이 완성된 사회의 어디에 붙어 있건 다 평등하고 자유롭다는 거야. 그 치들은 공동체 단위에 대한, 그러니까 코뮌 단위에 대한 생각이 없어."

"하지만 그런 문제야 지방 자치나 지역 사회 단위를 통해 해결하는 수밖에 없잖아. 지금 백 명 이백 명 단위의 공동체로 생활한다는 건 말이 안 되는 거고…… 내가 보기엔 요즘 공동체주의라는 것은 알맹이 없는 수세적(守勢的)이고 수사적(修辭的) 논의에 불과해. 적어도 산업 사회 이후의 코뮌이라는 건 경제까지 공동체로서

     철학자 구보 씨의 세상 생각

의 사회가 장악할 때 유의미해지는 거야. 그게 코뮤니즘이지. 그걸 포기한 공동체주의는 그냥 공화주의일 따름이고, 자유주의의 일파야. 자유주의적 공화주의란 말이지."

"그런데 그게 개인주의는 아니거든. 골수 자유주의는 개인주의고. 개체를 우선적인 것으로 놓고 인간 사회를 바라보느냐 아니면 공동체적인 사회 속에서 개체가 형성되는 것으로 보느냐는 큰 차이라구."

"너희 철학자들한테야 그렇겠지."

"허, 아니라니까. 예를 들면, 경제 민주화를 둘러싸고 논란이 벌어질 때, 그래서 개인의 소유권과 재분배를 통한 복지가 충돌할 때, 그런 입장 차이가 큰 역할을 한다구."

"글쎄, 그럴까? 미국만 해도 그 구별이 선명치 않을걸. 공동체주의자들 가운데 민주당파도 있고 공화당파도 있을 거야. 우리도 봐, 지금 정권에 붙어 있는 자들 가운데 순수한 개인주의자만 있는 건 아니잖아. 내가 보기엔 그거 개와 고양이의 차이보다도 못한 것 같아."

"개와 고양이?"

"그래, 개와 고양이. 개는 사회적인 동물이고 고양이는 안 그렇다고 하잖아. 공동체주의자와 자유주의자를 나누느니 차라리 개 닮은 놈과 고양이 닮은 놈을 나누는 게 낫겠다. 구보, 넌 어느 쪽이냐?"

"나야 뭐 대체로 자유주의에 비판적이니까…… 근데, 너 시금 나보고 개 같다는 거냐?"

5장

구보 씨,
잠에서 깨어나다

"……나는 오줌 누러 들어가고 데리다는 나오는 중이었지. 예의 파이프를 입에 물고 말이야. 그런데 그 화장실 입구가 좀 좁은 곳이어서 들어오고 나오려면 서로 비켜서야 했어. 그래서 우린 서로 말했지. '실례합니다.' '실례합니다.' 근데, 그 실례한다는 말이 불어로 'Pardon'이거든. '용서'라는 뜻이야. 말하자면 가벼운 말로 용서해 달라는 게 우리 표현으로 '실례합니다'라는 뜻인 거지. 사실 '실례(失禮)합니다'라는 말에는 실례하니 용서해 달라는 의미가 들어 있잖아. 어떻든, 우린 그 날 강의 주제인 바로 그 단어로 인사를 나누었던 거야. 그러니 그 '용서'라는 말이 더 기억에 남을 수밖에."

"그것뿐이야?"

"그것뿐이야…… 어? 근데 Y, 너 삐졌니? 아, 미안. 용서해 주라. 연말용 허무개그란 것도 있잖냐, ㅎㅎ…….″(211쪽)

구보 씨,
축구를 보다

"타인의 불행이 곧 나의 행복이지."

십여 년 전에 구보 씨가 들었던 말이다. 아직도 잊히지 않고 자주 떠오른다. 이 말을 한 사람은 씨익 웃으면서 동의를 구하듯 구보 씨를 쳐다보았는데, 그 표정 역시 잊히지 않는다. 구보 씨가 취직 때문에 여기저기 원서를 내고 면접을 보러 다니던 때였다. 한 학교에서 다른 사람을 쓰기로 거의 결정이 되었다가, 무슨 사정 때문인지 취소가 되고 다시 사람을 구한다는 공고가 났다. 사라졌던 기회가 다시 나타났으니 반길 이유가 있긴 했지만, 그런 말을 듣고 보니 마음이 편치 않았다. 그런가. 타인의 불행이 나의 행복인가. 구보 씨는 석연찮은 심정으로 눈을 내리깔며 그 말을 되짚어 보았을 뿐, 아무런 대꾸도 하지 못했다.

　그런데 불행하게도, 살아가면서 이 말을 떠올릴 만한 상황을 만나는 일이 그리 드물지 않다. 최근에는 월드컵 축구 탓에 그런 경험을 했다. 우리 팀이 16강에 올라가기 전, 조별 리그를 치를 때였다. 그리스에 2-0으로 이긴 기쁨도 잠시, 아르헨티나에 참패를 당하고 난 직후였다. 우리와 마지막 경기를 벌일 나이지리아가 그리스에 2:1로 졌다. 구보 씨도 그 경기를 보았는데, 나이지리아는 먼저 골을 넣어놓고도 쓸데없는 반칙을 해서 한 명이 퇴장당하는 바람에 경기를 망쳤다. 케이타라는 그 선수는 다음 경기에, 그러니까 우리 팀과의 경기에 나올 수 없게 되었다. 게다가 다른 선수들도 두 명이나 부상을 당하여 교체되는 어려움을 겪었다. 그러자 당장, 이런 사태가 우리 팀에 호재라는 얘기가 나왔다. TV에서도, 인터넷에서도 그랬다. 나이지리아의 불행은 우리의 행복이었다.

　나이지리아는 이번 대회에 운이 없었다. 아르헨티나와 벌인 첫 경기에서는 오심 때문에 억울한 패배를 당했다. 심판이 아르헨티나 공격수의 반칙을 보지 못하고 골을 인정해 버린 것이다. 우리와 벌인 경기에서도 거의 점수와 다름없는 결정적인 골 찬스를 몇 번이나 놓쳤다. 사실, 내용 면에서 보면 한국 팀이 힘겨웠던 경기였다. 구보 씨는 경기가 끝나고 나이지리아 감독이 한 말이 여러 면으로 적절했다고 생각한다.

　"전체적으로 이번 월드컵 자체가 나이지리아에는 어려운 대회였다. 한국에 축하의 말을 전해 주고 싶다. 마지막 순간 득점 기회가 많았는데 살리지 못했다. 우리 선수들이 정말 열심히 해줬는데

　　　　　　　　　　철학자 구보 씨의 세상 생각

운이 안 따랐다. 우리에게 운이 따랐다면 이길 수도 있었을 것이라고 생각한다. 아프리카 축구가 이번 대회에서 약세인데 나이지리아에 온 지 4~5개월밖에 안 됐기 때문에 아프리카 전체를 말하기는 어렵다. 요보가 부상을 당해서 대체할 수밖에 없었다. 16강 탈락은 선수를 선발하고, 전략을 세우고, 훈련을 시킨 내 책임이다."

대회를 불과 4~5개월 남겨두고 감독을 교체해서 준비에 허점을 보였다는 것 자체가 나이지리아의 불찰이었는지 모른다. 그러나 아무튼, 나이지리아는 승리하지 못했고, 그 덕택에 우리는 16강에 진출했다. 누가 보더라도 실력으로 압도하였다고 말하기는 어렵다. 나이지리아의 불운은 우리의 행운이었다. 구보 씨는 경기가 끝나고 경기장에 주저앉은 나이지리아 선수들의 망연한 표정과 운동장으로 자랑스럽게 걸어 나오는 허정무 감독의 대비되는 모습을 그냥 흘려버릴 수 없었다. 정녕 그런가. 저들의 불행은 우리의 행복인 것인가.

"구보야, 이건 그냥 축구 경기야. 승자와 패자가 갈리는 경기라구. 누군가는 지고 떨어져야 하는 거잖아."

맞다. 이건 축구 경기일 뿐이다. 그러나 누구에겐 축구가 삶이고 일이다. 우리도 이렇게 밤잠을 설치고 지켜보지 않는가.

"나도 우리가 16강전에 나가게 되어서 기뻐. 무엇보다 박주영의 멋진 골이 마음에 들고 말이야. 우리 선수들이 살렸다가. 다만, 나이지리아도 실력 있고 열심히 했는데 안됐다는 거지. 게다가 Y야,

내가 찜찜한 건 상대방 팀의 안 좋은 상황을 반기고 기꺼워하는 태도야. 어떤 께름칙함도 없이 말이지. 그건 사실 페어플레이 정신에도 어긋나는 거잖아."

페어플레이라…… 구보 씨는 막상 이런 말을 하면서도 뒷골이 땅기는 것을 느낀다. 페어플레이란 스포츠가 스포츠일 때, 그러니까 아마추어리즘에 충실할 때나 빛을 발할 수 있는 것 아닐까. 오늘날처럼 각광받는 스포츠는 모두 돈과 결부되어 있는 판국에, 그런 말이 과연 힘이 있을까.

월드컵의 경우, 개최국이 거두는 경제 효과가 순익만 10억 달러 이상이며, 후원사인 현대와 기아가 거둘 광고 효과가 10조 원이 넘고, SBS가 사들인 한국 독점 중계권료가 1억 4천만 달러에 달한다고 한다. 어떤 나라가 16강에 진출하느냐 마느냐에 따라 엄청난 액수의 돈이 왔다 갔다 한다. 당장 각국 선수단에 지급되는 배당금만 해도 16강 진출 시 900만 달러, 8강 진출 시에는 1800만 달러에 이른다. 사정이 이럴진대, 승부보다 페어플레이가 중요하다는 말이 먹힐 수 있겠는가.

그래도 구보 씨는 못내 안타깝다. 축구는 전 세계가 즐기는 스포츠라고 하지 않는가. 구보 씨도 어릴 적 비좁은 골목에서나마 온종일 친구들과 축구공을 차고 놀았던 기억이 새롭다. 누구나 가깝게 느낄 수 있는 운동 경기가 축구다. 그런 축구가 승부와 돈의 무게에 짓눌려 일종의 전쟁 비슷한 것이 되어 버렸다. 상대편과 함께 즐기는 놀이라기보다는 배타적인 전과(戰果)를 쟁취하기 위한 싸

                          철학자 구보 씨의 세상 생각

움터가, 내 편과 네 편의 희비가 확실하게 갈리는 승부의 장이 되어 버린 것이다.

이렇게 보면 허정무 감독이 나이지리아와의 경기를 앞두고 파부침주(破釜沈舟)라는 전쟁과 관련된 고사성어를 쓴 것도 이상한 일은 아니다. 또 이렇듯 결사항전을 외치는 마당에, 상대방의 불운한 처지를 반기는 태도가 페어플레이 정신에 어긋나느니 어쩌느니 하고 구보 씨처럼 떠들다간, 곧바로 송양지인(宋襄之仁)의 우(愚)를 범하는 것이라 비난받을지도 모른다.

"잠깐, 구보야. 축구 얘기를 하다가 웬 고사성어냐. 너같이 그런 꼴을 보고 식자우환(識字憂患)이라고 하는 거야. 쉽게 말하면 될 걸 괜히 문자나 쓰고 싶어 하고…… 어쨌든 말을 했으니 무슨 뜻인지는 설명을 해 줘야잖아."

"하, 미안. 그런데 이런 건 요즘 인터넷 찾아보면 금방 나와. 따로 설명할 것도 없다구. 파부침주는 초(楚)나라 항우(項羽)가 진(秦)나라와의 싸움을 앞두고 자기 군사들에게 밥 짓는 솥을 깨뜨리고(破釜) 타고 온 배를 물에 가라앉히게(沈舟) 했다는 데서 나온 말이야. 다른 선택의 여지가 없이 죽기 살기로 싸우게 해서 크게 이겼다는 거지. 또 송양지인(宋襄之仁)이란 그보다 앞선 전국(戰國) 시대 얘긴데, 송(宋)나라의 양공(襄公)이 이웃 초나라와 싸울 때 괜히 실속 없이 인(仁)을 내세우다 망하고 만 일을 두고 생겨난 말이야. 적이 강을 다 건너기 전에 공격하자는 말을 듣고도 군자는 남이 어려운 처지에 있을 때 북을 울리지 않는 법이라는 등 폼 잡고 머뭇대다가 결국 싸움에 지고 목숨까지 잃게 되었다는 거지.”

“아, 그 얘긴 나도 들은 적이 있어. 하긴, 구보 너같이 철학합네 하는 치들은 그 양공이라는 작자랑 좀 비슷한 구석이 있는 것 같아. 호호…… 현실감 없이 구는 게 꼭 닮았잖아.”

“어라, 그렇담, Y 너도 축구가 전쟁이라고 생각한다 이거냐? 타인의 불행이 곧 나의 행복이 되어야 하고?”

“애 좀 봐. 그렇게 갖다 붙일 일은 아니야. 내가 언제 타인의 불행이 나의 행복이라고 그랬니? 축구는 전쟁은 아니지만 어차피 승부를 가려야 하는 게임이잖아. 지는 게 아니라 이기는 게 목표인 거고. 지는 사람 처지가 안쓰러우면 아예 그런 게임을 하질 말아야지.”

“Y야, 내 말은 승부에 집착하는 정도가 지나치다는 거야. 그리고 그렇게 된 데에는 게임 외적인 원인이 있다는 거고. 게임이라면 서로 이겼다 졌다 해야 재미가 있고, 또 그래야 서로 기술이나 재주도 향상되고 그런 거잖아. 그런데 월드컵 축구는 진짜 국가 대항 싸움처럼 되어 버렸어. 그러다 보니 막상 게임의 재미보다는 승부가 우선이 됐다는 거야. 네 말대로 이게 그냥 축구 경기에 그치질 않고 때로는 여러 사람이 목숨 걸고 해야 하는 일이 되었다니까. 프랑스 같은 경우를 좀 봐. 축구 지고 그 후유증이 사회 갈등으로까지 번진다잖아.”

“그건 거꾸로 보면 축구 같은 스포츠가 사회 통합의 역할을 한

 철학자 구보 씨의 세상 생각

다는 뜻 아닐까.”

“그렇긴 하지만, Y야, 너도 알다시피 그런 통합은 미봉적이고 조작적인 게 되기 쉽다구. 축구가 대한민국을 하나 되게 하는 것 같지만, 그게 정말 해결해야 할 문제들을 묻어버리기도 하잖아. 이명박이나 정몽준은 우리가 억지로라도 다시 4강까지 올라가서 지난 지방 선거의 패배 같은 걸 덮어버리길 원할 거야. 광고나 이벤트로 한 몫 챙기는 작자들이야 말할 것도 없고⋯⋯.”

“구보야, 그렇게 말하면서 넌 왜 축구 중계는 꼬박꼬박 챙겨 보냐? 너같이 생각할라치면 우리 팀이 일찌감치 탈락하길 바라야 맞는 거 아냐?”

“글쎄 말이야. 사실, 나도 우리가 계속 이겼으면 좋겠어. 비록 실력으론 어렵겠지만, 운이라도 따라 주면 좋겠어. 왜냐구? 그거야 나도 우리 사회의 일원이라서 그렇겠지. 스포츠라는 게 공동체를 직접적으로 표현해 주는 효과가 있는 것 같아. 특히 축구는 말이야. 축구공과 공동체, 이 둘 사이엔 어떤 연관이 있는 모양이야. 그러고 보면 공동체라는 게 같은 방향에서 공을 좇는 어떤 경계의 내부를 뜻하는 것일지도 몰라. 그 경계 안에서는 타인의 불행이 나의 행복이 되는 사태를 벗어나게 되는 그런 내부 말이지. 축구 경기에서 이기면 다들 기뻐하잖아. 그런데 문제는 그 경계에는 언제나 밖이 있다는 거야. 그래서 그 밖과의 관계에서는 타인의 불행과 나의 행복이라는 대립쌍이 여전히 작동한다는 거지.”

“애, 옛말에 걱정이 반찬이면 상발이 무너진다고 했어. 구보야,

지금 네가 꼭 그 꼴 같애. 축구라는 게 이기면 좋고, 지면 그만이고,
뭐 그런 것 아니니."

　Y의 표정을 보니 더 이상 이야기한다는 건 어려운 일 같았다. 구
보 씨는 아쉽지만 그만 입을 닫고 혼자 생각에 잠겼다. 우리에겐
경쟁과 승부는 숙명과 같은 것인가. 이 세상에서 경계 없는 송무백
열(松茂柏悅)*의 꿈을 꾼다는 건 정녕 부질없는 짓인가.

* 소나무가 무성하게 자라는 것을 보고 옆에 있는 측백나무가 기뻐한다는 뜻.

영화 「골」의 한 장면

　　　　　　　　　　　철학자 구보 씨의 세상 생각

구보 씨,
겨울을 맞다

겨울은 아무래도 좀 추워야 겨울답다. 구보 씨는 옷깃을 세우고 앙상한 나뭇가지들이 바람에 흔들리는 것을 바라본다. 성긴 햇살은 맑고 투명한데, 나뭇가지 너머의 하늘은 차고 멀다. 그 탓일까, 문득 겨울은 강철로 된 무지개라던 이육사의 표현이 떠오른다.

강철로 된 무지개라…… 구보 씨는 다시 한 번 하늘을 올려다본다. 그래, 이렇게 차고 메마른 날씨엔 나름의 어떤 아우라가 있는 법이다.

'아우라'는 원래, 범접하기 어려운 어떤 분위기 같은 것을 가리킨다. 그래서 벤야민은 아우라를 '아무리 가까이 있어도 멀리 있는 어떤 것의 현상'이라고 했다. 이 말에 잘 어울리는 계절은 역시 겨울이다. 여름도, 봄도, 또 가을도 그렇게 딱 맞을 것 같지 않다. 지금이 겨울이라 이런 생각이 드는 걸까.

숭고(崇高)라는 느낌도 그렇다. 숭고함과 어울리는 계절도 어쩐지 겨울이다 싶지 않은가. 우리를 벗어나 있는 자연, 우리에게 다가와 있으면서도 우리에게 잡히지 않고, 저 너머로부터 현상(現像)하는 듯한 자연. 겨울은 우리를 품는 데 그치지 않는다.

그렇다고 위압적인 면모만 갖추고 있는 것도 아니다. 겨울이 주는 거리감이 멀어져 가는 것이기만 하다면, 거기에 무슨 감흥이 있겠는가. 겨울의 차가움은 되돌아 나오는 아찔한 극한의 예감을 허용한다. 차가운 무지개의 이미지, 부(負)의 절정(絶頂).

그러나 이 이미지의 원천은 멀리 있다. 그래서 그 나타남은 우리의 제어를 벗어나고, 또 일회적(一回的)이다. 재현(再現) 불가능하다는 아우라의 특성은 여기서 온다. 지금 저 하늘의 창백한 광휘(光輝)가 주는 이 느낌은 아마 재현될 수 없을 것이다.

"구보야, 너네 철학자들은 잘 모르거나 설명할 수 없는 게 있으면, 꼭 이상한 용어를 갖다 붙이더라. 난 니들이 아우라니, 숭고니 하고 떠드는 걸 보면 정말 이해가 안 돼. 그냥 솔직하게 잘 모르겠다고 하면 되는 일 아니니?"

이크, Y다. 이럴 줄 알았다. 이럴 때 끼어들지 않으면 그녀가 아니다.

"후후, Y야. 그게 말하자면, 우리의 직업병이야. 잘 모르는 걸, 확실치 않은 걸 어떻게든 해명해 보고자 하는 게 철학이거든. 왜 그

　　　　　　　　　　철학자 구보 씨의 세상 생각

런 짓을 하느냐구? 그런 것들도 우리 삶의 일부니까. 사실은 철학자들만 이런 짓을 하는 게 아니야. 종교인이나 예술가들도 확실치 않은 것들을 다룬다구. 방식은 좀 다르지만 말이야."

"그 사람들은 최소한 니들처럼 아는 체 하지는 않잖아."

"아는 체? 너 종교인이나 예술가들이 보통 얼마나 독단적이고 고집이 센지 모르냐? 우리가 아는 체 하는 걸로 비칠지 모르지만, 그건 사실, 탐구하고 모색하는 과정의 일환이라구. 강한 듯 보이는 주장도 거기서 나오는 거고. 하지만 우린 그 주장들을 비판에 열어 두거든. 그런데 종교인들을 좀 봐. 그들은 대개 불확실한 걸 믿으면서 거기에 확신을 갖는 거야. 그게 신앙이라는 거 아니겠어? 예술가들도 그래. 신앙은 아니지만 자신의 미감을 쉽게 절대화하잖아. 뭐, 좋아. 그런 것도 우리 삶의 면모니까. 그래서 우린 그런 믿음이나 느낌마저 이해하고 설명해 보려 하는 거야. 왜 그런 게 생기고 어떤 역할을 하는지 말이야."

"아우라나 숭고가 그렇다는 거야?"

"그렇지. 그 한 부분이야. 생각해 봐. 그게 다 원래 종교적인 것이나 예술적인 것과 관계있는 말들이라구."

"그런데 넌 좀 전에 겨울의 아우라가 어떻구, 숭고가 어떻구 그랬잖아."

"맞아. 계절 중에선 겨울이 가장 종교적이고 예술적인 계절이거든. 안 그래?"

"글쎄, 사람들이 겨울에만 기도하고 겨울에만 음악을 듣고 미술

관에 가는 건 아닌 것 같은데……."

"그거야 그렇지. 그렇지만 겨울이야말로 사람들이 자기를 되돌아보고, 자신과 자기 바깥의 자연을 느끼고 그 관계에서 무언가를 찾으려 하기에 적합한 계절이 아닐까. 겨울이야말로 우리를 내치는 자연, 그러나 우리를 완전히 부수거나 으깨지 않고 한 줌의 온기를 남겨둔 채 품어주는 자연, 그럼으로써 우리로 하여금 갈구하게끔 하는 그런 자연을 실감케 하는 계절이 아닐까."

"히, 구보야, 그렇게 말하니까 너 되게 옛날 사람 같다, 애."

"맞아, 이거 사실 옛날 얘기야. 요즘처럼 도시에서 따뜻한 겨울을 보내는 사람들에게는 잘 실감이 나지 않는 얘기라구. 겨울나기가 생존의 문제였을 때 생겨나고 정착될 수 있었던 느낌들에 대한 얘기지."

"그렇담, 이제 그런 따위는 버려두 되는 것 아냐? 버려야 될 걸 쉽게 못 버리는 것두 니네들 직업병이니?"

"헤, 그렇다고 할 수도 있어. 전에 공학을 하는 선생님 한 분이 내 연구실에 들어와 보더니 이러더라구. 어휴, 옛날 책들이 많네요. 우린 3년에서 5년만 지나면 이전 책이랑 자료들은 다 버려요. 새로운 공법과 기술이 나오는데, 그리고 교과서도 자꾸 갱신되는데, 옛날 것은 가지고 있을 필요가 없거든요. 인문학 하시는 분들은 좋으시겠어요……. 쩝, 뭐가 좋겠다는 거야? 책값이 안 들어서? 옛날걸 끝없이 들여다봐야 한다는 게 얼마나 피곤한 일인데…… 그것도 새로운 시대상에 맞추어서 말이야.

　　　　　　　　　　　　철학자 구보 씨의 세상 생각

그런데 문제는 말이지, Y야, 세상이 바뀐 것 같아도 사실은 그렇지 않은 면이 많다는 거야. 사람들이 겨울을 이전보다 따뜻하게 난다고 해서 겨울이 없어진 것도 아니고, 또 네가 더 잘 알다시피 겨울에 헐벗고 있는 이들이 사라진 것도 아니거든.

아우라와 숭고도 그래. 그건 사실 우리가 감당하기 힘든 대상을 접했을 때 생겨나는 느낌을 가리키는 거야. 지금 세상이야 죄 사람들이 주물러 놓은 환경에서 사니까 이런 느낌이 덜할 수밖에 없겠지. 하지만 가끔씩 조용히 하늘을 올려다보기만 해도 불현듯 우리를 찾아오는 그 같은 느낌이 아예 사라질 순 없다는 걸 알 수 있을 거야.

물론 아우라니 숭고니 하는 느낌이 약해진 게 좋은 점도 있어. 벤야민이 얘기했듯 예전에는 이걸 인위적으로 이용하려던 면이 강했거든. 이를테면, 웅장한 건물과 높은 제단을 쌓고 사람을 압도하는 광경을 만들어 내거나 평상시에는 경험할 수 없는 장엄한 소리를 들려주는 거야. 그게 옛날부터 종교나 정치의 행사에서 인위적인 아우라를 조장하던 방식이지. 이런 게 없어지는 건 좋은 거야. 요즘은 연예인들의 아우라, 카리스마, 이런 게 등장하지만, 그런 것도 대부분 조작되는 거니까, 사실 부정적인 현상인 거고.

하지만 말이지, 사람들이 만들어 놓은 이 세계가 실은 불완전한 것일 수밖에 없다는 걸 절감하게 되면, 우린 다시 그 밖을 바라볼 수밖에 없는 거라구. 그때 다시 아우라와 숭고가 문젯거리가 되는 거야. Y야, 내 말 듣고 있어?”

"하하, 걱정되나 보지? 사실, 또 좀 지루해지려던 참이었어. 구보야, 넌 연예인 되긴 정말 어려웠을 거야. 뭐, 조작한다고 해도 네게서 어떤 아우라나 카리스마가 쉽게 만들어지겠니? 하긴, 전에도 말했지만, 심야방송 디제이라면 또 모르겠다. 그런데 그것도 대본 읽다가 네 목소리에 너 스스로 졸까 봐 걱정이다, 얘."

"핏, 난 사람에 아우라가 있다는 얘긴 진짜 별루야. 있다면 누구에게나 있는 거라고 해야 되겠지. 어떤 사람에게든 우리가 예기(豫期)할 수 없는 면이, 그 자신마저 잘 모르는 면이, 보기에 따라선 일종의 위대함이 있을 테니까 말이야. 심지어 풀 한 포기에서도 어떤 신비함과 아우라를 느낄 수 있을 텐데, 사람에게서야 왜 안 그렇겠어?"

"그렇게 말하는 건 구보 네가 오만해서가 아닐까? 특별한 분위기의 인간이 없으리란 법은 없잖아. 난 엔지오 사람들이랑 같이 활동하다가 뜻하지 않게 사회 명사(名士)들을 만나기도 하는데, 가끔 그런 이들이 괜히 유명해진 건 아니겠다 싶은 때가 있어. 묘한 매력적인 분위기가 느껴지거든."

"글쎄, 그런 게 있겠지, 뭐……."

"구보 넌 그런 적 없어?"

"별로…… 난 유명인살 만난 적도 거의 없는데다가, 네 말대로 오만해서인지도 모르지…… 아우라라는 게 예수나 부처의 그림에 보이는 머리 뒤의 후광(後光) 같은 걸 뜻하기도 하거든. 그런 사람을 만나는 게 쉽겠어? 난 그 후광이란 것도 의식적(儀式的) 장치라

   철학자 구보 씨의 세상 생각

고 봐. 요즘 세상엔 그 많은 인구에도 불구하고 그런 걸 뒤통수에 달고 다니는 사람은 없잖아. 여하튼 난 아우라라고 할 만한 걸 지닌 사람을 아직 보질 못했어."

"너도 유명한 철학자들 꽤 만났다고 했잖아. 우리나라 사람들만이 아니라 세계적으로 유명한 사람들, 하버마스니, 데리다니, 로티니, 발리바르니, 뭐 그런 이들 말이야. 데리다나 로티는 죽기 전에 만났다면서?"

"하하, Y야, 보긴 직접 봤는데, 아우라니 뭐니 그런 생각은 해 보지도 못했어. 그 사람들은 대체로 진보적 철학자들이고, 그래서 폼 잡거나 하지 않거든. 뭐, 철학자가 폼 잡아 봐야 잘 잡히지도 않겠지만. 그리고 그냥 강의나 강연을 들어본 정도고, 개인적으로 얘길 나눠 본 적은 없어서 잘 모르겠어."

"그래도 분위기가 좀 다르지 않아?"

"다를 게 뭐 있겠어? 그냥 영향력이 좀 다르지. 아무래도 그 사람들 하는 얘기가 파급력이 있으니까. 나만 해도 강연 듣고 오면 그 사람들이 다룬 주제에 대해 좀 생각해 보게 되더라구. 이 양반들이 그런 문제를 선택한 이유에 대해서도 더 궁리해 보고 글 하나라도 더 찾아 읽어보고 말이야. 그런 게 다르다면 다른 면이겠지."

"그게 차라리 실질적인 거네."

"그렇지. 그 사람들의 명성이 허명(虛名)이 아니라면, 그렇게 관심을 유도한 결과로 어떤 성과가 있기 마련이고, 그래서 그 명성이 이어지는 걸 거야. 그래서 나는 사람에겐 아우라니 뭐니 하는 걸 굳이 들먹일 필요가 없다고 봐. 그런 걸 내세우거나 그런 게 있다고 말하는 데에는 뭔가 다른 노림이 있을 거야. 비록 그게 무의식적인 것일지라도 말이지. 우린 차라리 그런 걸 경계해야 돼.”

“그런데, 그거 혹시 아우라 같을 걸 갖출 수 없거나 볼 수 없는 자들의 시기심의 발로는 아닐까. 약하고 못난 자들의 심술 같은 거 말이야.”

“으…… 맘대로 생각하려무나.”

“구보야, 너 삐졌니?”

“얼씨구, 그 정도로 내가 삐지길 바라는 것 같다, 너. 어떻든 아우라 같은 건 못 느낀다 해도 책으로만이 아니라 직접 본 사람들에게서 영향을 조금이라도 더 받게 되는 건 사실일 거야. 요새 내가 많이 얘기하는 용서라는 주제에 관심을 갖게 된 것도 따지고 보면 데리다 탓일지도 몰라. 1990년대 중반에 내가 데리다 강의를 잠시 들은 적이 있거든. 그때 데리다는 헤겔의 용서 개념을 다루었어.”

“그건 벌써 오래전이잖아.”

“그러게 말이야. 당시에는 그런 주제가 내 관심 밖이었지. 하지만 그때 데리다가 용서 문제를 강의했다는 게 기억에 남아 있었단 말이야. 그게 어느 날 우리의 주변 상황과 함께 내 관심사로 다가오게 된 거지. 게다가 그 용서와 관련해 난 데리다와 짧은 대화를 나눈 적이 있거든.”

“어, 그래? 아깐 개인적인 대화는 한 적이 없다고 했잖아. 강의 듣다가 질문이라도 했어?”

　　　　　　　철학자 구보 씨의 세상 생각

"아니, 내 불어 실력이 자신 있게 질문할 정도가 되었어야 말이지. 그런 게 아니라, 언젠가 한 번 화장실에서 마주쳤어. 나는 오줌 누러 들어가고 데리다는 나오는 중이었지. 예의 파이프를 입에 물고 말이야. 그런데 그 화장실 입구가 좀 좁은 곳이어서 들어오고 나오려면 서로 비켜서야 했어. 그래서 우린 서로 말했지. '실례합니다.' '실례합니다.' 근데, 그 실례한다는 말이 불어로 'Pardon'이거든. '용서'라는 뜻이야. 말하자면 가벼운 말로 용서해 달라는 게 우리 표현으로 '실례합니다'라는 뜻인 거지. 사실 '실례(失禮)합니다'라는 말에는 실례하니 용서해 달라는 의미가 들어 있잖아. 어떻든, 우린 그 날 강의 주제인 바로 그 단어로 인사를 나누었던 거야. 그러니 그 '용서'라는 말이 더 기억에 남을 수밖에."

"그것뿐이야?"

"그것뿐이야…… 어? 근데 Y, 너 삐졌니? 아, 미안. 용서해 주라. 연말용 허무 개그란 것도 있잖냐, ㅎㅎ……."

구보 씨,
동물을 생각하다

굳이 개냐 고양이냐를 따지자면 구보 씨는 개 쪽이기보다는 고양이 쪽이다. 생긴 게 그렇다는 것이 아니라 성격이 그렇다는 말이다. 요즘은 아파트처럼 밀폐된 공간에서도 개나 고양이를 키우는 집이 늘었는데, 개는 하루만 혼자 두어도 곤란하지만 고양이의 경우는 혼자서도 며칠 정도는 잘 견딘다고 한다. 구보 씨도 그렇다. 소란스럽고 번잡한 것보다는 차라리 홀로 있는 게 낫다고 여긴다. 아마 철학자라면 대부분이 그렇지 않을까. 개를 닮은 철학자라고 하면 영 이상하지만, 고양이를 닮은 철학자라고 하면 어째 그림이 그려질 법도 하지 않은가.

하긴 때로 세상엔 개 같은 철학자가 없진 않았다. 고대(古代) 그리스의 유명한 견유학파(犬儒學派), 곧 키니코스학파가 대표적인

　철학자 구보 씨의 세상 생각

예다. 하지만 그때의 '개 같음'은 개떼처럼 몰려다니면서 욕망의 대상을 약탈하거나 구걸하는 데 있는 것이 아니었다. 또는 시끄럽게 짖어대고 꼬리를 흔들어대며 위계에 따른 협박과 아부의 몸짓을 과시하는 데 있는 것도 아니었다. 반대로, 견유학파의 '개 같음'은 온갖 누추함을 마다않고 인위의 번쇄(煩瑣)를 갈가리 찢어버리는 자유로움에 있었다. 그러니까 견유학파에서조차 사교성은 철학자의 특성이 아니었던 셈이다. 오히려 그들에게는 세속의 그 무엇에도 굽히지 않는 자존과 고독의 품위가 있었다. 그것은 개보다는 오히려 고양이 족속들에 더 어울리지 않는가.

그렇다고 구보 씨가 호랑이나 사자를 닮았다는 것은 아니다. 표범이라고 하기도 좀 그렇고 살쾡이라면 또 모르겠다.

"애 좀 봐, 여전히 웃겨. 너처럼 배 나온 살쾡이가 어디 있니?"

이크, Y다. 드디어 그녀가 돌아왔다. 오랜 여행 탓인지 약간 야위고 피부가 그을린 게 야생성이 더 강해진 모습이다. Y야말로 살쾡이 같다.

"글쿠 말야, 하고 싶은 말이 있으면 그냥 하지, 애꿎은 짐승들은 왜 끌어들이니? 니들 철학자들이 언제 동물들을 제대로 대접해 준 적이 있기나 하니?"

아니, 그긴 오해다. 철학자들도 나름으로 동물에 민감하다. 당장 니체와 말 이야기가 떠오르지 않는가.

1889년 토리노. 니체는 마부의 채찍질에도 꿈쩍 않는 말에게 달려가 목에 팔을 감으며 흐느낀다. 그 후 니체는 '어머니 저는 바보였어요'라는 마지막 말을 웅얼거리고, 10년간 식물인간에 가까운 삶을 살다가 세상을 떠난다.

영화 「토리노의 말」은 이런 내용의 해설자 내레이션으로 시작한다.

이 영화는 헝가리의 세계적인 영화감독 벨라 타르가 2012년에 내놓은 작품이다. (그는 이 영화를 마지막으로 이제 영화는 그만 만들겠다고 하더니, 이번 부산 국제영화제에서 뉴커런츠 분야 심사위원장을 맡기도 했다.) 니체는 말에게 동정(同情)과 공감(共感)을 표시했고, 벨라 타르는 이 공감을 모티브로 삼아, 요즘 유럽에서 다시 유행을 맞은 종말론적 분위기를 인상적인 흑백 화면과 강렬한 폭풍의 음향 속에 담아냈다.

니체가 말의 목을 껴안았다는 1889년은 히틀러가 태어난 해다. (하이데거와 비트겐슈타인도 그 해에 태어났다. 1989년에는 동구의 사회주의가 몰락한다. 그냥 그렇다는 말이다.) 동물이 철학자에게 공감하는 일이 있는지는 잘 모르겠으나 철학자가 동물에게 공감을 보이는 일은 확실히 있다. 벨라 타르는 여기에 주목한다. 강한 공감은 위기에서 비롯하고, 거꾸로 강한 공감의 표현이 위기의 분위기를 고조시키기도 한다. 근본적인 위기와 동물적인 공감, 꽤 그럴싸한 연결이 아닌가.

 철학자 구보 씨의 세상 생각

영화 「토리노의 말」의 포스터

종말이 근본적인 종말이면 인간과 동물에 너나가 있을 수 없다. 반면에 「혹성탈출」 식의 종말이라면 그것은 인간 지배의 종말일 따름이다. 그런 종류의 위기에서는 오히려 동물과 인간의 구별이 더 두드러진다. 공감이라고 해 봐야 그건 인간 위주의 공감이어서, 인간과 닮은 원숭이가, 곧 인간의 편인 원숭이와 인간의 적인 원숭이가 문제될 뿐이다. 위기의 심각성에 따라 공감의 양상과 범위가 달라진다는 얘기다.

역시 종말론적 분위기에 편승해 요즘도 자주 언급되는 칼 슈미트에 의하면, 누가 동지인지는 누가 적인지에 따라 정해진다. 무엇이 우리랑 같은 부류인지는 무엇이 우리를 위협하는지에 따라 정해진다. 적어도 사회적 반향이 있는 공감의 폭과 경계는 이런 적대와 위험에 따라 그 윤곽이 그려지는 법이다. 그런 까닭에, 동물이 공감의 대상으로 여겨지는 경우라 해도 보통은 인간적 감정의 연장일 뿐이다. "이 짐승만도 못한 놈!" 우리는 우리의 적에 대해 때로 이렇게 외친다. 그런가 하면, 우울하고 서글픈 기분으로 주저앉아 있을 때 개나 고양이가 옆에서 살랑거리면 우리는 거기서 위안을 받기도 한다. "그래, 니들이 인간보다 낫지……."

그러나 니체가 두들겨 맞는 말에 대해서 느꼈던 연민과 공감은 그런 종류의 것이 아니다. 그것은 기껏 우리 주변에 미치기 마련인 친근성의 테두리를 넘어선다. 전에는 한 번도 본 일이 없는 낯선 말을 위해 니체는 뛰어든다. 그전부터 말에 애착이 있었던 것도 아니다. 니체가 말을 아끼던 애마(愛馬) 신사였다는 말을 들어본

 철학자 구보 씨의 세상 생각

적이 있는가. 그런데도 그는 말의 목을 껴안고 흐느낀다. 거기에는 비일상적(非日常的)인, 그러나 보편의 심장을 꿰는 울림이 있다.

벨라 타르가 이 보편성을 종말론적으로 해석하는 데에는 영화의 흑백 화면과 어울리는 수도사적 꼿꼿함의 전통이 깔려 있다. 그것은 물론 서구의 전통이고 기독교적 전통이며 히브리적 전통이다. 아니, 니체가? 기독교의 신을 부인했던 바로 그 니체가 기독교의 전통과 연결된다고? 당근이고 말밥이다. 적어도 신이 살아 있었음을 인정해야 그 신이 죽었다고 선언할 수 있을 것이 아닌가. 니체 자신이 목사의 아들이었으며 기독교적 죄의식과 평생 싸움을 벌였다는 점은 잘 알려져 있다.

그런데, 이제 정말 니체의 신은 죽었는가? 글쎄…… 「토리노의 말」은 무엇보다 유럽의 절망감을 드러내 보인다. 영화의 무대는 황량한 벌판의 외딴 집에 고정되어 있다. 영화의 중간에 등장한 집시들은 마부의 딸에게 미국으로 같이 가자고 꼬드긴다. 그들은 한바탕 소동을 피운 뒤에 물러가지만, 집시 노인네가 건네주고 간 책에는 성소(聖所)가 더럽혀졌으며 회개의 의식(儀式)이 필요하다고 쓰여 있다. 집시들이 퍼 마시고 떠난 우물은 말라버린다. 방종(放縱)한 약탈자인 미국은 아직 승리자로 군림해 있는데 꼿꼿한 품위의 유럽은 처연하게 종말을 맞이한다는 말인가?

벨라 타르보다 더 성가(聲價)가 있는 유럽의 영화감독 라스 폰 드리에 역시 2012년에 종말론적 작품을 내놓았다. 그 영화 「멜랑콜리아」에서는 아예 지구가 낯선 별에 부딪혀 박살나 버린다. 여기에도 동물로는 말이 등장한다. 종말로부터 도망칠 수 없다는 무력함을 함께 나누기에는 말만한 상대가 없기 때문일까. 그러나 이때에도 말은 인간의 세계를 그려내는 주변적 역할을 넘어서지 못한다.

동물을 종말론과 관련해 전면적이고도 주제적으로 다룬 이로는 『호모 사케르』로 유명해진 조르조 아감벤을 들 수 있다. 그의 책 『열린 것』(이태리어 원본은 2002년에, 영어 번역본은 2004년에 나왔고, 우리말로는 아직 번역되지 않았다)은 '인간과 동물'이라는 부제를 달고 있는데, 보기에 따라선 니체 식 말목 껴안기의 연장으로 읽을 수 있다. 그렇지만 아감벤이 다루는 종말론은 「토리노의 말」에 비해서도, 「멜랑콜리아」에 비해서도, 니체의 흐느낌에 비해서도 그 절실함이 덜하다. 그것은 아마 10년 전의 이탈리아가 2002년 월드컵에서 한국에 패배한 것을 빼놓고는 심각한 위기나 절망에 부딪히지 않은 탓인지도 모른다.

워낙 서구의 전통에선 종말이 부정적인 것으로만 치부되지 않는다. 종말은 새로운 시작인 까닭이다. 부활과 구원이 종말이라는 사건과 함께 하지 않는가. 인간과 동물의 관계도 여기서는 새로워진다. 아감벤은 『구약』의 「이사야서」에 나오는 다음과 같은 구절을 인용한다. "그때 이리와 어린 양이 함께 살며 표범이 어린 염소와 함께 눕고 송아지와 사자 새끼가 함께 먹으며 어린 아이들이 그것들을 돌볼 것이다."(11장 6절) 종말에 이르면 인간과 동물은 전혀 새로운 세계로 진입한다. 이제까지 인간 중심으로 이루어져 왔던 동물성에 대한 차별과 비하가 사라진다. 말하자면, 완전한 '신'(新; 神)세계

　철학자 구보 씨의 세상 생각

에서 동물과 인간의 공감이 완성되는 것이다.

"구보야, 너, 내가 그럴 줄 알았어. 횡설수설하더니 삼천포로, 아니, 영 엉뚱한 데로 빠지잖아. 동물 얘기하다가 종말이니 뭐니 하는 것도 이상한데, 이젠 아주 천당으로 올라가니? 내가 뭐랬니? 이것저것 괜히 주워섬기지 말고 그냥 하고 싶은 말 있으면 하라고 했지. 대체 하고 싶은 말이 있기나 한 거니? 그동안 내가 없을 땐 어땠는지 정말 궁금하다, 얘."

"어, Y야. 그래두 내 말에 맥락은 있는 거야. 철학자들이 근래에 동물에 대해 이전과는 다른 방식으로, 그러니까 인간 중심적이지 않은 방식으로 접근하려고 하고 있는데, 그게 기본적으로 인간 삶과 문명에 대한 근본적인 반성에서 온다는 거지. 종말론이라는 게 다름 아닌 그런 근본적인 문제의식에서 비롯하는 거고 말이야. 물론 이런 생각들이 주로 서구적인 것이긴 하지만, 뭐, 오늘날의 주된 삶의 패턴이 서구적인 것이니까……."

"그런데 아감벤이 철학자 맞아? 역사학자 아냐?"

"뭐, 미학이나 문헌학적 작업에 익숙하기도 하지만 기본적으로 철학자라고 해야겠지. 내가 말한 책에도 그림이나 옛 문헌에 대한 얘기가 다방면으로 많이 나오긴 해. 그러나 가장 중심적으로 다루는 건 하이데거의 인간관과 동물관이고 거기에 대한 비판이야. 그리고 벤야민의 견해를 일종의 대안 비슷하게 제시하지."

"너처럼 횡설수설한단 얘기야?"

"쯔…… Y야, 내 말도 횡설수설 아니라니까…….”

"그럼, 대답해 봐. 아까, 니체가 '어머니, 저는 바보였어요.'라고 말했다고 했지? 그게 무슨 뜻이야?”

"글쎄…… 그건 아마 자신의 작업이 넘을 수 없는 벽에 부딪혔다는 뜻이 아닐까. 동물과 공감하는 차원까지 내려가서야 절감할 수 있는 방식으로…… 그래서 니체의 그 말을 종말론적으로 해석할 수 있는 거겠지. 종말론이라는 게 기존의 질서를 부분적으로 바꾸는 것이 아니라 다 뒤집어야 된다는 것이니까 말이야.”

"그래? 그럼, 구보 넌 언제, 'Y야, 난 바보였어. 그동안 횡설수설했구나.' 하고 말할 건데?”

  철학자 구보 씨의 세상 생각

구보 씨,
다시 동물을 생각하다

구보 씨는 11월을 좋아한다. 늦가을에 마음을 주는 것이지만, 달로 치자면 11월이다. 왜냐구? 그냥이다. 따지자면 이유야 많겠지만, 그런 건 아마 사후(事後)에 가져다붙이는 핑계들에 불과할 것이다. 그래도 뭔가 한 가지 들어야겠다면, 찰기와 집착이 덜어진 이즈음의 투명한 햇살이 11이라는 숫자를 닮아서라고 해 두자. 그것이 기껏 '빼빼로 데이'를 연상하는 것보다는 낫지 않겠는가.

그런데 11은 평행의 숫자만은 아니다. 그것은 차라리 클리나멘(clinamen)의 기호다. 물기 마른 나뭇가지에 욕심 없이 내려앉는 햇살들처럼 비스듬히 만나고 합쳐지는 편의(偏倚)의 움직임이 11월에는 배어 있다. 왜냐구? 그것도 그냥이다. 그래도 뭔가 이유가 필요하다면 새로움을 위해 기꺼이 스스로를 떨구는 자연의 눈부심 때문이라고 해 두자. 올해는 더더욱 그렇게 느껴진다. 어떻든 11월은 대지(大地)와 몸을 섞는 낙엽의 계절이다.

그러나 이런 너스레로 구보 씨가 늦가을의 정취를 상찬(賞讚)하는 데는 적지 않은 어려움이 따른다. 엄혹한 겨울을 앞둔 그 전조(前兆)의 안타까움이 어떻게 기꺼움과 그토록 쉽게 만날 수 있단 말인가? 그것은 눈앞에 닥칠 어려움을 하찮게 여길 만큼 여유로운 처지에서나 가능한 일이 아닌가? 추위와 굶주림은 이제 옛날 일이 되었는가? 구보, 네게는 바야흐로 장기 불황으로 빠져드는 이 세상의 찬바람이 느껴지지 않는다는 말인가?

그럴 리가 있겠는가. 우리의 얄팍한 구보 씨는 누구 못지않게 그런 세태에 민감하다. 그나마 업으로 삼고 있는 일이 철학이어서 그 경박함이 약간 감해지고 있음을 언제나 다행으로 생각하고 있는 터다. 그럼에도 구보 씨는 철학의 유행 사조들을 이런 세태에 견주어 평가함으로써 자신의 얄팍함을 정당화하려 할 정도로 뻔뻔하기조차 하다. 그건 또 무슨 말이냐구? 역시 경박한 얘기다. 불황기에는 불황기의 철학이 뜬다고 생각한다는 거다.

철학에 불황의 철학이 어디 있고 호황의 철학이 어디 있느냐고 묻는 것은 사유가 묵직한 사람들의 견지다. 대부분의 훌륭한 철학자가 그렇기는 하다. 그러나 그런 이들의 철학도 부침(浮沈)을 겪기 마련이다. 사람들이 불경기를 바라고 경제 활동을 하는 것은 아니나, 불가불 불황을 겪게 되는 것과 마찬가지다. 제 아무리 줏대

 철학자 구보 씨의 세상 생각

있는 인간이더라도 자신이 놓인 조건의 제약 속에서만, 또 그 제약에 따라 사고를 할 수 있을 뿐이다. 사고의 결과가 세간에 영향을 미치는 강도와 양상은 더욱더 그 환경적 조건과 관련이 깊다.

오늘의 철학적 환경은 흡사 11월과도 같지 않은가, 라고 구보 씨는 생각해 본다. 그래서 그에겐 11월이 아름답게 비치는 것인지도 모른다. 만일 그렇다면 구보 씨는 가벼울지언정 긍정적인 심성을 가지고 있는 셈이다. 모든 긍정은 세상으로부터 유혹을 느끼는 데서 시작되며, 아름다움이란 이런 유혹과 다른 것이 아니므로. 그래서 긍정적 삶은 이제 시작하는 현재를 아름답게 받아들이는 데서부터 비롯하는 것이므로.

하지만 11월의 황량함이 아름답다는 건 난센스거나 지극히 주관적인 느낌이 아닐까? 게다가 만일 시작점이 진정 아름답다면, 거기에서 앞으로 나아간다는 건 도리어 어려운 일이 되지 않을까? 아니다. 그렇지 않다. 그렇게 생각하는 건 아름다움에 대한 해묵은 오해 때문이다. 아름다움이란 멈춰 있어야 하는 어떤 지점, 우리가 움켜잡고 놓치지 말아야 하는 어떤 지점에 귀속되는 것이 아니다. 그런 건 행복이라는 말이 흔히 그러하듯 우리를 기만하는 표면적 이미지일 따름이다. 아름다움이 유혹일 수 있는 것은 그것이 궁극의 도달점이거나 목표여서가 아니라, 오히려 움직임을 부추기고 위험을 수반하는 것이어서다. 그렇지 않다면 우리에게 아름다움이, 아름다움의 느낌이 굳이 있어야 할 까닭이 어디 있겠는가.

그러므로, 조금 천박하게 말해, 아름다움에는 늘 대가가 있는 법이다. '팜므 파탈'은 아름다움의 중요한 면모를 드러내 준다. 애써 묵직하게 말해도 마찬가지이긴 하다. 삶의 아름다움은 늘 위험을, 때로 치명적인 운명을, 궁극적으로는 죽음의 그림자를 배경으로 삼는다. 우리를 분리 이전과 이후의 심연으로부터 끌어내는 감각이 아름다움이라는 말이다. 그렇기에 아름다움은 인간만의 감각이 아니다. 위험을 무릅쓰고 고개를 내미는 모든 생명체는 그런 힘을 발휘하기 위해 아름다움을 필요로 한다. 하얗고 차가운 겨울이 절박하게 아름다울 수 있는 이유며, 스산하고 매정한 늦가을이 처연하게 아름다울 수 있는 까닭이다.

아무튼 11월의 철학, 불황의 철학은 한편으로 동물의 철학이다, 라고 구보 씨는 지레 생각해 본다. 왜냐구? 글쎄, 이것도 그냥이다. 이유야 여러 가지 붙일 수 있겠지만, 우선은 구보 씨의 동물적 감각이 그렇게 지시하기 때문이라고 해 두자. 사실 따지고 보면, 구보 씨가 이전에 입에 올렸던 벌거벗음이나 이제 내세우려는 동물성이나 크게 다른 것은 아니다. 우리가 뒤집어쓰고 있는 문명의 치장 한 꺼풀 아래를 겨냥한다는 점에서는 마찬가지라는 얘기다. 다만, 요즘 같은 늦가을과 불황의 정취 속에서라면, 따뜻한 체온이 느껴지는 동물에 대한 이야기가 벌거벗음을 재삼 거론하여 한기(寒氣)를 불러들이는 것보다야 낫지 않겠는가.

지난번에 잠깐 언급했던 아감벤이건 또 말년에 몇 년간 동물에 대한 논의를 계속했던 데리다건 동물성을 긍정적으로 거론하는 현대 철학자들이 대개 걸고넘어지는 상대는 역시 하이데거다. 하이

     철학자 구보 씨의 세상 생각

데거가 존재를 이해할 수 있는 것은 인간 존재뿐이라고 하면서 동물과 인간을 확연히 구분했던 탓이다. 그에 따르면, 동물이 살아가는 세계는 주어진 환경에 얽매인 빈한한 세계다. 반면에, 인간은 스스로 세계를 형성하는 존재고, 그런 점에서 진정으로 세계 속에 존재한다. 대지 위의 우뚝 세워진 세계, 그것은 인간만의 세계다.

이런 생각은 보기에 따라 몹시 자의적이고 폭력적이다. 도대체 하이데거가 동물의 처지를 어떻게 알 수 있다는 말인가? 하이데거 철학의 주안점이 고정된 규정에 매인 이른바 존재자위주의 사유를 넘어서는 것이었다고 하지만, 결국 그는 인간의 사유를 중심에 놓는 데서 벗어나지 못했다. 하긴, 인간이 인간의 사유를 벗어나는 일이 가능하기나 하겠는가? 그렇더라도 하이데거의 문제는 인간의 삶과 사유의 우월함을 적극적으로 전제하고 인정했다는 데 있다.

최근 우리말로도 번역된 『철학자와 늑대』라는 책을 쓴 마크 롤랜드는 인간의 세계가 다른 동물의 세계보다 우월하다고 생각하지 않는다. 동물의 지능이 인간보다 못한 것도 아니다. 단지 인간과 동물은 다른 지능을, 다른 용도로 발달된 지능을 지녔을 뿐이다. 이를테면 늑대는 늑대가 살아가는 방식에 적합한 지능을, 원숭이는 원숭이가 살아가는 방식에 적합한 지능을 지닌 것이고, 그 점은 인간 또한 마찬가지다. 인간을 포함한 영장류는 집단의 다른 구성원의 마음을 읽고 기만할 줄 알지만, 늑대가 무리를 이루고 살아가는 데에는 그러한 기능이 필요치 않다. 그런데도 이런 차이를 쉽게 위계화하여 다른 동물을 낮추어 보는 것은, 인간이 거둔 짧은 기간의 성공에 도취해서, 각기 다른 방식의 삶이 지닌 자연사적 무게를 무시하는 것이다.

마크 롤랜드는 전문적으로는 몸과 마음의 관계를 주제적으로 다루는 구보 씨 또래의 철학자지만, 『동물의 역습』, 『SF철학』과 같은 보다 대중적인 책들의 저자이기도 하다. 무엇보다 그는 10년이 넘는 세월을 늑대와 함께 살았고, 그 체험을 바탕으로 『철학자와 늑대』라는 특이한 책을 썼다. 그렇다고 그가 야생 상태의 늑대와 살았다는 것은 아니다. 개를 키우듯 늑대를 키웠고 그 늑대와 같이 생활했다. 늑대와 같이 달리고 장난치고 여행했으며, 심지어 강의실에도 늑대를 데리고 다녔다. 가족처럼, 어쩌면 가족보다도 더 가까이 지냈던 셈이다. 그런 경험을 통해 그가 제시하고 싶어 한 것은, 늑대가 인간 못지않게 매력적이고 멋진 존재이며, 사랑할 만한, 심지어 존경할 만한 존재라는 것이다. 그는 브레닌이라는 이름의 늑대를 키우고 사랑했다. 어떻게 그럴 수 있었을까? 롤랜드에 따르면, 그것은 늑대가 "인간의 영혼 속에 오래도록 잊혀져 왔던 깊은 구덩이를 파내기 때문"이다. 벤야민의 표현을 빌리면, "구원의 밤"을 일깨우기 때문이다.

"얘, 구보야, 나 많이 참았거든. 하지만 어쩌지? 이젠 네 횡설수설을 더는 들어줄 수가 없어. 11월이 어쩌구 낙엽이 어쩌구 하다가, 불황이니, 동물이니, 늑대니 되는 대로 주절대더니, 이젠 뭐,

   철학자 구보 씨의 세상 생각

'구원의 밤'이라구? 네 스스로도 이게 말이 된다고 생각해?"

"ㅎㅎ, Y야, 물론이지. 말이 되고말고…… 어어, 그렇게 화내지 말구 조금만 더 들어 봐. 내가 금방 설명해 줄게. 늦가을이라는 게 뭐야? 시련을 앞둔 계절 아냐? 그걸 요즘의 불황이랑 연결 짓는 게 뭐가 이상해? 좀 더 거창하게 말하면 세계 자본주의의 위기랑 연결할 수도 있을 거야. 그리고 동물성에 관해 생각하는 건, 이렇게 시련에 크게 봉착한 문명이라면 어차피 밟게 되는 반성의 수순이라구. 그동안 버텨온 자만심에 대해 반성할 때, 그게 천상을 향한 기도로만 뻗치지 않는다면, 또 갈 곳이 어디겠냐? 그나마 이렇게 동물성에까지 생각이 미치는 건 이제껏 쌓아둔 문명의 여유가 뒷받침되기 때문이야. 정말 급하고 절박하면 구덩이를 깊게 파볼 여유조차 없을 거거든. 늦가을 즈음해서, 매섭고 추운 눈보라가 몰아치기 전에, 우리의 됨됨이를, 우리의 소이연(所以然)을 깊이 있게 되씹어 보는 거야. 그게 말하자면 '영혼의 구덩이'인 셈이지. 영혼이란 우리가 동물과 함께 가지는 것이거든. 영혼을 뜻하는 라틴어 아니마(anima)와 애니멀(animal)의 어원적 근친성을 생각해 봐. 그리고 '구원의 밤'이란, 우리가 이렇게 근원적으로 파고들어갈 때 닿게 되는 깊이와, 그것에 따르는 간곡한 바람에 대한 은유라고 할 수 있어. 사실 새로운 날은 밤에서 비롯하는 거잖아."

"헐, 그렇게 갖다 붙이면 연결 안 되는 게 어딨니? 그 정도면 박근혜와 잔 다르크노 이어 붙일 수 있겠다."

"박근혜와 잔 다르크? 어, 그건 새로운 얘기가 아닌데? 예전에 한나라당 주성영이 '박근혜는 잔다르크다' 그런 적이 있어. 한나라당을 위기에서 구했다고 말이지."

"내 말이 그 말이야. 너, 그 주성영이 성매매 의혹으로 지난번 국회의원 선거에 불출마했다가 얼마 전에 새누리당 유세지원단장이 된 거 알아?"

"어, 그래? 정말 웃기는군. 사람이 없는 건가, 아부가 힘이 센 건가…… 그런데, 가만, 이상하네…… 지금 Y 네 말은, 내가 그런 치들하구 비슷하다는 거야?"

"뭐, 꼭 그렇다는 건 아니지만…… 하지만 알 게 뭐야, 그 깊은 '동물성'에서 보면 상통하는 면이 있을지도…… 풋, 구보야, 그렇다고 표정까지 그렇게 야수 흉내를 낼 필요는 없잖니?"

구보 씨,
잠에서 깨어나다

나름 긴 잠이었다. 구보 씨는 창문을 열고 시원한 바람을 맞으며 늘어지게 기지개를 켠다. 따사로운 아침 햇살이 크게 하품을 하는 구보 씨의 쩍 벌어진 입에도 비쳐든다. 아직 졸음이 완전히 가시지 않은 듯 눈을 연신 비벼대는 구보 씨, 그 부스스한 모습이 꼭 겨울 잠이라도 자고 일어난 짐승 같다.

잠이란 참 좋은 거야, 하고 구보 씨는 생각한다. 잠은 일종의 축복이지, 잠이 아니고서야 우리가 어떻게 거듭 새로워질 수 있겠어. 구보 씨는 마사지하듯 양손으로 얼굴을 부비다가 다시 눈을 끔벅거려 본다. 세상이 맑고 투명하다. 언제 이렇게 환해졌을까. 저 멀리 신록의 산등성이가 뿜어내는 청량함이 피부와 와 닿는 듯하다.

대체 얼마나 잤지? 영 분명치가 않다. 거푸 퍼마신 술 탓일까. 한

동안 멍한 기분으로 끼적끼적 살아서일까. 그러나 어떻든 세월은 흐른다. 춘래불사춘(春來不似春)이니 뭐니 하더니 계절은 이미 봄을 훌쩍 타넘고 있지 않은가. 한참을 자고 깨니, 어두운 긴 터널을 빠져나온 것 같은 기분이다. 겨울잠을 자고 난 곰처럼, 구보 씨는 뻐근한 팔다리와 몸뚱이를 이리저리 흔들고 비틀어본다.

잠은 우리를 순수하게 만든다. 꼬인 몸과 마음의 타래들을 풀어 원상태에 가깝게 돌려놓는다. 서로 얽혀 랙이 걸릴 지경인 프로그램들을 리세팅해주는 격이라고나 할까. 일반적으로 잠은 휴식이고 복구며, 재정비고 새로운 준비다. 활동의 감소와 위축처럼 보이는 잠의 비활성 상태는 깨어 있는 분주함 못지않게 긍정적이고 적극적인 역할을 한다. 아이들은 잠 잘 때 크고, 미인은 잠잘 때 예뻐진다지 않는가.

그러나 겨울잠은 좀 다르다. 거기엔 일종의 마비가 수반되는 까닭이다. 하기야 모든 잠이 얼마간 그렇긴 하다. 보통 우리는 꿈을 꾸는 수면 상태(REM 수면)에서 근육의 긴장을 놓아버린다. 하지만 겨울잠의 경우는 긴장 이완이 그 정도에 그치지 않는다. 흔들어도 쉽게 깨어나지 못할 정도로 활동이 정지되고 체온도 떨어진다. 동물들은 겨울잠을 자면서 꿈을 꿀까? 아마 아닐 것이다. 냉동 인간이 꿈을 꿀 수 있을까? 아닐 것이다. 가시에 찔려 잠든 숲속의 공주가 그 잠든 백 년 동안 꿈을 꾸었을까? 아마 아닐 것이다.

하지만 「팻걸」로 우리에게 잘 알려진 카트린 브레야 감독의 영화 「잠자는 숲속의 미녀」에서는 가시에 찔린 공주가 잠든 사이에 나

철학자 구보 씨의 세상 생각

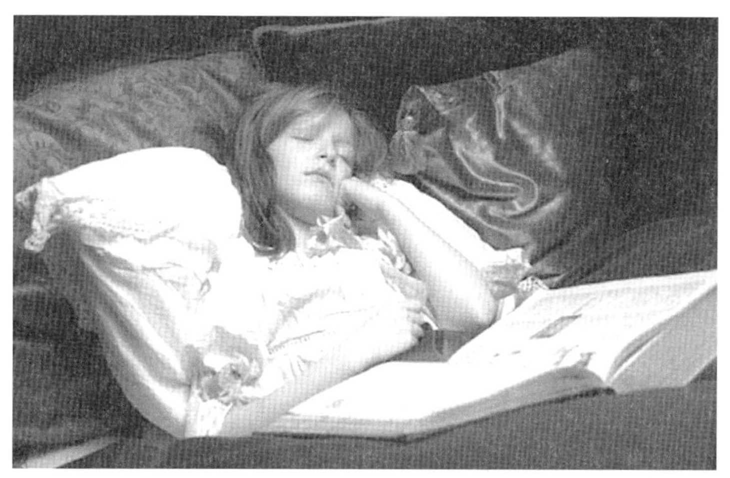

영화 「잠자는 숲속의 미녀」의 한 장면

이도 먹고 꿈도 꾼다. 브레야는 잠이 마비 상태라는 것을 용인하지 않는다. 브레야의 공주는 그 꿈 속에서 평생의 연인을 만나고, 그 기억을 지닌 채 꿈에서 깨어 현실로 돌아온다. 이 여성에게는 마비와 멈춤의 시간은 없다. 잠자기 전과 잠이 깬 후, 꿈꾸기 전과 꿈꾸고 난 후는 다르다. 그녀는 순진한 채로 머물러 있지 않다. 그래서 그녀는 깨어나 당당히 행동하고 남자 친구에게 당당히 이렇게 말한다. "난 혼자서 네 세계 속으로 들어갔던 거야."

브레야는 긴 잠의 설정이 함축하는 정지와 수동성을 받아들일 수 없었나 보다. 어쩌면 거기서 남성 지배의 사회가 설정한 순결과 정조의 이미지를 보았는지도 모른다. 일찍이 이닝 페져는 「삼사는 숲 속의 공주」의 잠이 순결을 강요하는 상징이라고 해석하지 않았는가. 모름지기 젊은 계집은 정숙하게 기다릴 줄 알아야 한다. 잠은 그 기다림의 강제된 형태다. 그것은 물레 막대기의 뾰족함을 경계하지 못한 데 대한 벌이다. 방종의 유혹이 널린 현실을 함부로 돌아다닌 죄는 마비의 잠으로 가려지고 치장되어야 한다. 백 년 동안의 잠은 순결을 회복하고 보증하는 장치다.

이런 종류의 잠은 현실에 대한 외면이고 도피이면서 또한 현실의 강압에 대한 순응이기도 하다. 자고 있는 동안에도 세상은 굴러간다. 「잠자는 숲속의 공주」에서는 궁전의 요리사가 요리하던 생선까지도 마법에 의해 잠에 빠지지만, 이렇게 잠든 환경은 잠자는 공주의 부속물일 뿐 시간 속 세상이 아니다. 복잡하고 혼란스러운 세상으로부터 눈을 돌린 채 긴 잠에 빠진 공주는 과연 평화로울까? 그것은 마비의 평화로움, 마비의 순결함일 뿐이다. 더구나 그것은 과연 그녀를 위한 것일까?

오스트레일리아의 여성 감독 줄리아 리의 영화 「슬리핑 뷰티」는 이런 질문에 노골적으로 답한다. 돈이 아쉬운 미모의 대학생 루시는 마비되듯 잠든 채로 발가벗겨져 하얀 침대에 누워 있고 돈과 지위로는 아쉬울 것이 없는 노인네들이 차례로 그녀를 탐한다. 그러나 '삽입'은 금지다. 순결함이야말로 이들이 바라는 것이므로. 루시는 자신의 자궁을 결코 성소(聖所)라고 여기지 않지만, 그들은 그것을 원한다. 수동적이고 하얀 몸뚱이의 순수를. 약을 먹고 잠들었다 깬 루시는 자신이 잠자고 있는 동안 무슨 일이 있었는지를 모른다. 그럼으로써 그녀는 계속 순수할 수 있는 것일까, 아니면 더

                                        철학자 구보 씨의 세상 생각

욱더 더럽혀진 것일까?

이런 경우에 잠은 그 약점을 훤히 드러낸다. 이 잠에서 나는 세상과 교호적이지 않은 관계를 맺는다. 나는 세상을 무시하고 세상은 나를 유린한다. 나는 그 유린을 묵과하고 망각함으로써 세상에 아부한다. 때로 우리의 잠은 이렇게 비루하다. 거기에 비하면 동물의 겨울잠은 얼마나 안온한 축복인가. 매서운 겨울 날씨는 동굴에 웅크려 잠자는 짐승의 몸뚱이를 유린하지 못한다.

"그래서 어떻게 되는데?"

"뭐가 말이야? 겨울잠 자던 곰? 아니면 나?"

"아니, 루시 말이야. 영화 「슬리핑 뷰티」의 루시라는 여자……."

Y다. 그녀도 일어났다. 그녀는 부스스하지 않고 얌체같이 예쁘다. 언제나처럼.

"글쎄, 너라면 어떻게 하겠니? 막상 돈을 몇 번 손에 쥐고 나자 잠잘 때 무슨 일이 일어나는지가 궁금한 거야. 그래서 침대에 눕기 전에 몰래 카메라를 설치하지."

"그럼 결국 알게 됐겠네?"

"근데 그렇게 영화가 진행되면 시시하지 않겠어? 무슨 일이 일어나는지를 보고서는 마비된 순수를 파는 일을 그만둔다? 아니면 분노에 차서 복수를 한다? 이거 다 너무 통속적이잖아."

"왜, 그 더럽고 못된 노인네들을 혼내 주는 게 괜찮을 것 같은데. 폭로해서 몰락시킨다든지 아니면 짤라버린다든지 해서 말이야. 난 그런 일이 실제로 일어나고 있다는 걸 생각만 해도 오싹해. 검사들 접대 사건만 해도 그렇잖아, 그 개새끼들…… 그래도 정신 못 차리고 윤창중이 같은 기가 막힌 일도 생기고…….”

“허, Y야, 잘 자고 나서 왜 그래? 아무튼 이 영화에선 그런 식으로 처리하진 않아. 줄리아 리라는 감독이 시나리오도 썼는데, 그 여잔 루시를 유린하는 현실 자체의 공허함이나 균열을 드러내려 하지. 싸움으로 몰고 간다면 그 노인네들, 그러니까 지배 계층의 패배를 보여준다 하더라도 환상적 만족에 그치지 않겠어? 아니면 그저 그런 고발 영화가 되고 말거나…….”

“줄리아 리? 그 사람 한국계야?”

“아니, Leigh라고 쓰는데, 호주 여자야. 소설도 쓰는 작가고. 그런데 이 영화 원작은 가와바타 야스나리 소설이지.”

“가와바타?「설국」의 그 가와바타 말이야?”

“맞아. 그 사람 소설에「잠자는 미녀」라고 있거든. 1960년에 발표한 거니까 줄리아 리의 영화보다 50년 전이지. 거기서도 잠재워 놓은 젊은 처자를 탐하는 노인이 나와. 영화의 기본 얼개는 이 소설에서 따왔다고 봐야지. 하지만 세부 내용이나 분위기는 꽤 달라. 무엇보다 가와바타의 소설에서는 주인공이 에구찌(江口)라는 노인네거든. 이 노인네가 수면제를 먹여 잠재운 여자랑 동침할 수 있게 해주는 유곽을 찾아가서 겪는 이야기를 그린 거야. 여러 번에 걸쳐 이 여자 저 여자랑 같이 자면서 이 생각 저 생각 하는 거지.”

“그게 무슨 이 생각 저 생각이야, 이런 지랄 저런 지랄이지. 드런

　　　　　　　　철학자 구보 씨의 세상 생각

놈들, 구역질 나."

"하하…… 왜 나한테 그래? 가와바타 소설이 남성 중심적인 건 분명하지만, 그래도 나름의 섬세함이 있잖아…… 아무튼 그래서 영화에선 여자를 주인공으로 놓는 거 아닐까. 루시라는 여자가 겪는 이야기가 중심이 되거든. 하긴 영화에서도 에구찌 비슷한 노인네가 나오긴 해. 공허해하고 우울해하며 삶에 그다지 애착을 갖지 못하는 노인네…… 이 노인네는 결국 잠든 루시 옆에서 약을 먹고 죽지. 가와바타 소설에서는 옆에서 자던 여자가 죽거든. 나는 이게 현실의 공허와 균열을 나타내려는 장치라고 봐. 루시를 유린하는 현실은 실상 노쇠한 무의미의 현실, '뼈가 부러진' 현실이야. 그 현실은 이제 절망하여 스스로 무너지지. 그렇지만 루시처럼 마비 상태로 잠들어 있으면 깨어나서는 소스라치며 놀라 소리 지르게 돼. 이건 잠의 부정적 이미지야. 망각과 아부의 잠, 그건 결국 죽음과 동침하는 잠이고 죽음과도 같은 잠이지. 루시의 카메라에 찍힌 잠의 모습처럼. 그게 싫으면 깨어 있어야 하는 거야. 불면(不眠)의 주의력으로 눈을 똑바로 뜨고 말이지."

"너 지금 무슨 말을 하고 있는 거야? 아까는 잠이 축복이라고 하지 않았어? 횡설수설하는 것을 보니 아직 잠이 덜 깬 거 아냐?"

"내 참, Y야, 그러니까 잠에는 두 종류가 있다는 거야. 꿈꾸는 잠과 마비의 잠. 회복과 갱신을 위해서는 잠을 자되 넋을 놓고 있지는 말아야 하는 거라구. 꿈도 없는 깊은 잠은 꿈꾸는 잠과 결합되어 있을 때만, 또 야경(夜警)의 매서운 눈초리와 결합되어 있을 때만 의미가 있는 거야. 그래서 우리는 겨울잠을 잘 수 없는 거지. 우리네 삶에는 겨울을 피해갈 수 있는 안온한 동굴이란 없으니까……."

"하지만 구보야, 내가 볼 때 나쁜 잠과 좋은 잠을 가르는 특징은 딴 데 있어. 그렇게 잠꼬대처럼 복잡하지 않고 아주 단순한 거라구."

"뭔데?"

"코 골지 않는 거. 구보야, 내가 왜 이런 말 하는지 알지?"

구보 씨,
여름을 즐기다

구보 씨는 바다를 좋아한다. 산이 싫다는 건 아니지만 바다가 더 좋다. 흐르는 강물도 괜찮지만 철썩이는 바다가 더 마음에 든다. 무엇보다 그 느낌이 시원하지 않은가. 바라보는 것만으로도 폐포(肺胞)가 씻기는 듯, 답답한 기분이 잦아든다. 바다는 언제나 하늘을 비추고 그 하늘을 눌러 담은 빛으로 출렁인다. 바다의 색깔은 하늘보다 더 짙고 다양하다. 하늘 아래 세간의 기운마저 비추어 담기 때문일까.

밤바다도 매력적이다. 때로, 달빛을 받아 일렁이는 바다와 마주해 있노라면, 세상의 온갖 걱정들이 다 그 물결에 반사되고 부서지는 것 같다. 바닷가에서 나고 자란 한 친구는 바다에서 수영하는 참 맛을 알려면 밤바다에 들어가 봐야 한다고 했다.

"우주가 온몸을 휘감는다는 느낌이 들 거야."

정말 그랬다. 구보 씨는 어둠의 촉감이 어떤 것인지 알 것 같았다. 어둠이란 어떤 결여가 아니라 빛으로 희석되기 전 세상의 본모습이 아닐까. 바닷물의 감촉과 사위의 어둠이 한꺼번에 다가오기 때문이었을 것이다. 성긴 별빛의 존재감마저 유별났다. 공기 중에 산란되는 대낮의 빛이 증폭된 음향과 닮았다면, 어둠 속의 별빛은 끊어질 듯 이어지는 아련한 노랫가락 같았다. 밤바다의 출렁임 가운데 머리만 내놓고 잠시 떠 있을 때면, 껴안는 듯한 막막함이 두려움이나 충만함에 앞서 와 닿았다.

비 오는 날 바다에 들어가는 것도 색다른 맛이 있다. 떨어지는 빗방울은 곧장 바다의 일부가 된다. 하늘과 빗줄기로 이어지는 바다 가운데서 작은 점처럼 고개를 들면 얼굴에 부딪히는 빗방울들. '바다는 비에 젖지 않는다'는 표현은 원래 헤밍웨이의 것이라고 했던가. 바다 위에 내리는 빗방울들은 한껏 입을 벌려 담아내고 싶은 아득한 곳의 인사장 같다.

금년에도 구보 씨는 자주 바다를 찾았다. 그러나 한적한 바닷가에서 밤수영을 즐기거나 빗줄기로 샤워를 대신하는 호사를 누리지는 못했다. 대신, 해수욕장의 번잡함을 피해 아침을 이용하곤 했다. 남들이 헬스장을 향하는 이른 시간에 바다에 몸을 담구는 것이다. 아침나절이면 바닷가 인근의 주차장도 한산하다. 한 시간 정도 호젓하게 바다를 즐기다가 젖은 몸을 수건 한 장으로 대충 닦고 목욕탕으로 향하면 그만이다.

  철학자 구보 씨의 세상 생각

"그럴 바에야 헬스장이 낫지 않아? 그 시간대에는 비키니 입은 여자애들도 없을 거 아냐?"

구보 씨가 간단히 해수욕 하는 비법(!)을 알려주자 제법 명민한 척하는 동료 하나가 한쪽 입꼬리를 치켜 올리며 하는 말이다. 글쎄, 그렇긴 하다. 하지만 구보 씨는 요새 '비키니'에는 별 관심이 없다. 그렇다고 헬스장의 손바닥만 한 수영장에 가고 싶은 마음도 안 든다. 갇혀 있는 느낌이 들어서다. 바다에 들어가는 것에는 수영을 한다는 의미만 있지 않다. 그것은 일종의 즐김이기도 한 까닭이다.

즐기는 것은 도구적으로 이용하는 것과는 다르다. 도구는 목적에 의해 갇혀 있기 마련이어서, 도구적 이용에는 즐김이 없거나 있다 해도 억압되기 십상이다. 건강을 위해, 또는 몸매를 만들기 위해 수영을 한다면, 거기서 우세한 것은 목적성이지 즐김이 아니다. 목적에는 그 목적을 성취하기 위한 규제와 한정이 따른다. 반면에 즐김에는 놂이, 놀이가 있다. 여기엔 정해진 테두리에서 벗어나는 자유로움이 수반된다. 사실, 즐김의 즐거움이란 이런 벗어남 때문에 있게 되는 것이다.

그러나 벗어남 자체가 즐거움을 준다고 생각하는 것은 성급한 오해다. 물론 그렇게 볼 만한 여지가 있긴 하다. 억압에 대한 탈출과 해방이 쾌감을 주기도 하니까 말이다. 하지만 쾌감과 즐거움 또는 즐김을 같은 것이라 할 수 있을까? 즐거움은 단순한 쾌감과 달리 주관 내부의 즉물적 유착에서 벗어나 객관으로 한 발 더 다가간

  철학자 구보 씨의 세상 생각

폭넓은 느낌이다. 더구나 즐김은 느낌에 국한되는 않는 행위의 사태다. 그리고 즐거움은 즐기는 행위에서 온다.

즐김과 즐거움의 중요한 특징은 그것과 관련된 대상이나 사태가 어떤 의도나 목적으로 한정되지 않는다는 것이다. 우리는 산과 바다를 즐기고, 청명한 날씨를 즐기며, 친구와 교제를 즐기고, 삶 자체를 즐긴다. 이 가운데 우리 마음대로 할 수 있는 것이 얼마나 있는가? 즐김의 한쪽은 우리가 붙잡고 있지만, 다른 한쪽은, 더 넓고 더 멀리 뻗쳐 있는 다른 한쪽은 우리 손아귀에서 벗어나 있다. 그런 탓에 즐김은 항상적이지 않고, 그런 까닭에 즐김은 비로소 즐거울 수 있는 것이다.

즐김은 양면적이다. 바다를 생각해 보자. 바다를 바라보거나 바다에 몸을 담금으로써 우리는 바다를 즐긴다. 그러나 언제나 그럴 수 있는 것은 아니다. 바다는 풍랑에 사나워지기도 하고 엄청난 크기로 우리를 위협하기도 한다. 바다가 우리를 감싸고 우리에게 스스로를 열어주는 때는 사실 얼마 되지 않는다. 우리는 기껏 여름 한 철 동안 바다에, 그것도 해변의 한 귀퉁이에 다가갈 수 있을 따름이다. 바다를 즐길 수 있을 경우는 바다 자체의 존재에 비해, 그 넓이에 비해 너무나도 좁다. 바다가 우리와 어울린다고 느껴지는 때, 그리고 바다의 가없음이 그 어울림과 잠시 이어져 있을 때, 그래서 바다가 우리에게 즐김을 허용할 때, 우리는 바다를 즐긴다. 이런 것이 즐김의 특성이다. 즐거움은 이 즐김에 수반되며 또 우리를 이 즐김으로 인도한다. 즐거움은 즐김으로 난 길에 기꺼움으로 쓰인 표식이다.

요즘 프랑스 철학 용어로 자주 거론되는 주이쌍스(jouissance)는 이 즐거움에 대한 이름이라 보아 좋다. 주이쌍스는 우리가 쉽게 통제할 수 있는 쾌락이 아니다. 자크 라캉의 정신분석학에서 주이쌍스는 일단 성적(性的) 향락(享樂)이라는 뜻으로 새겨지지만, 이 향락이야말로 제어되지 않는 심연에 닿아 있지 않은가. 거기서 열리는 틈바구니는 우리에게 정체를 완전히 드러내지 않는 실재(實在)로 이어진다. 향락을, 주이쌍스를 우리는 소유할 수 없다.

즐거움이란 우리가 소유할 수 있는 것이 아니다. 즐거움이 비롯하는 즐김이 우리보다 큰 터전에 바탕하고 있기 때문이다. 우리는 그 즐김과 함께할 수 있을 뿐이다.

"즐…… 구보야, 넌 어쩜 끝까지 그 모양이니? 난 도무지 네 말이 이해가 안 돼. 즐기는 거야 그냥 즐기면 되는 거지, 너처럼 이상하게 꼬아 생각해서야 어떻게 즐거울 수가 있겠어? 내 눈엔 네가 제대로 즐길 줄을 모르니까 괜한 얘길 늘어놓는 걸루밖엔 안 보여."

"허, Y야, 무슨 소리야. 넌 아까도 내가 바다에서 노는 걸 봤잖아. 즐길 줄 모른다는 건 정말 나하곤 거리가 먼 얘기라구."

"피, 그게 뭐 노는 거고 즐기는 거야. 아침나절에 잠깐 바닷가에서 어슬렁거려 놓고……."

"어어, Y 너도 그때 기분 좋다고 했잖아? 그렇게 날이 더워지기

     철학자 구보 씨의 세상 생각

전에 바람 쏘이는 게 따가운 여름을 현명하게 즐기는 길이라구. 공자님이 봤으면 증점(曾點)의 지혜라고 칭찬했을 거야."

"누구? 증점?"

"그래, 봄날에 사람들이랑 기수(沂水)에서 목욕하고 바람 쐬고 시 읊으며 돌아오고 싶다던……."

"관둬, 됐거든. 철학자라고 다 너처럼 고리타분하진 않을 텐데, 참 걱정이다, 얘."

"아니, 이거 고리타분한 거 아니야. 즐기는 건 예나 지금이나 마찬가지라구. 오늘날이라고 해서 편리함 속에 모든 걸 가둘 순 없거든. 그리고 즐긴다는 건 그렇게 가두어진 틀 밖으로 나가야 가능한 거야. 어려움과 위험의 틈새에 놓인 안락함과 여유로움이 아니라면, 즐김의 진짜 매력은 사라져 버리는 거지. 그러니까 즐김은 모든 문제의 해결이 아니야. 쾌락의 충만은 더더욱 아니고 말이지. 증점이나 공자가 즐김을 어떤 유토피아적 상태에서 찾았다고 생각하면 곤란하다구. 실제로 공자와 증점은 다른 제자들이 자리를 뜨고 나자 그 제자들이 논의했던 정치 얘기를 계속하거든. 즐김은 어디까지나 세상 가운데에, 또 세상의 틈새에 놓이는 거야."

"구보야, 즐긴다는 건 그냥 자기가 좋아하는 곳에서 자기가 좋아하는 사람과 자기가 좋아하는 일을 하는 거 아닐까. 그거면 충분한 거지, 너처럼 괜한 토를 달기 시작하면 즐겁던 일도 정나미가 떨어질 것 같애."

"뭐, 그럴 수도 있겠지. 근데, 좋아하는 것과 즐기는 것은 똑같은 게 아니거든. 다시 공자 얘길 해서 안 됐지만, 공자도 좋아하는 것은 즐기는 것과 같지 않다(好之者 不如樂之者)고 하잖아. 즐긴다는 건 좋아한다는 것보다 더 이루기 어려운 어떤 걸 거야. 좋아한다고 해서 다 즐길 수 있는 건 아니라는 말이지. 즐긴다는 건, 뭐랄까, 내가 아닌 어떤 흐름 속에 있어야 하는 거라구. 거기에 더불어 있는 것, 그러나 소유하거나 지배하지 않는 방식으로 있는 것, 이를테면 어떤 흐름을 타고 같이 흘러야 하는 거야. 그건 마치 파도타기와도 같지. 파도를 즐길 때 우리는 파도를 거스르는 것도 파도에 완전히 파묻히는 것도 아니야. 파도와 함께 하는 것이긴 하지만."

"구보야, 나 파도타기 안 좋아해. 안 좋아하는 건 즐길 수 없는 거 아냐?"

"그야 그렇겠지. 하지만 거기엔 묘한 면이 있어. 가령 산을 타는 사람들을 생각해 봐. 이 한여름에도 아찔하게 높은 히말라야같이 험준한 설산(雪山)을 오르는 사람들. 그들이 산을 좋아하는 건 사실일 거야. 그러나 그건 단순한 좋음일까? 거기에는 좋음 말고도 두려움과 불안과 기대와 동경 같은 것들, 몇 마디로 줄여 말하기 어려운 것들이 들어 있어. 하지만 그 사람들은 그걸 즐기는 것이 아닐까. 달리 말하면, 그렇게 펼쳐지는 즐김의 장에 뛰어드는 것 아닐까."

"에구, 구보야. 난 히말라야에 오를 생각 없어. 난 그딴 거 안 좋아한다구."

"쩝…… 그럼, 이렇게 생각해 봐. 나는 어때? Y야, 너는 이 구보

철학자 구보 씨의 세상 생각

를 좋아만 하는 건 아니지? 차라리 넌 이 구보와의 관계를 즐긴다
고 할 수 있지 않을까? 이 관계가 우리 두 사람의 뜻대로 되는 건
아니잖아. 우리는 각자 이 관계의 한쪽 끝을 쥐고 있을 뿐이야. 그
끝을 잡고 때로는 이렇게 때로는 저렇게 흔들리는 관계의 물결을
타고 가는 것이지. 거기에는 때로 열락(悅樂)도 깃들고 회한(悔恨)
도 깃들지만, 그것 자체로 우리는 이 관계를, 이 삶을 즐긴다고 할
수 있지 않을까.”

“구보야, 착각하지 마. 뭐? 열락? 회한? 미안하지만 구보야, 넌
지루함 자체라구. 거기에 즐길 게 어딨니?”

“엥? 그럼, 왜 여지껏 날 계속 만나는데?”

“그거야…… 네가 그래도 한철연 회원이니까 그렇지. 그걸 여태
몰랐어?”

구보 씨,
철학을 생각하다

구보 씨는 최근 수강생들이 써 놓은 강의 평을 보고 약간 충격을 받았다. 스스로 강의를 잘한다고 생각해 본 적은 없지만 적어도 엉터리는 아니라고 자부하고 있었는데, 그런 자만심에 금이 간 셈이다. 짧막짧막하게 한두 줄씩 써 놓은 강의 평을 훑어보다가 구보 씨의 눈이 멎은 곳은 다음과 같은 글귀에서였다.

"쉬운 얘기를 너무 어렵게 한다."

아니, 이럴 수가…… 이건 이전부터 익히 들어왔던 평가와 좀 다르다. 어렵다는 얘기보다, 졸린다는 얘기보다 더 충격적이다. 물론 어렵다거나 졸린다는 평도 마음에 걸리지 않는 건 아니다. 그러나 거기에 대해선 나름의 변명거리가 있다. 우선, 어렵다는 거야, 원래 철학이 어려운 학문이 아닌가. 아직 분명한 해답이 없는 문제에 대해 생각하고 궁리하는 게 철학이니, 어렵고 골치 아픈 건 철학의 숙명인지도 모른다.

생각하기 싫어해서는 철학을 잘할 수 없다. 또 설사 생각하기 싫다고 해도 생각하지 않을 수 없는 처지에 몰리지 않는다면 철학을 시작할 수조차 없다. 그러니 철학 공부를 하기로 마음먹은 이상, 여러분은 골치 아플 각오를 해야 한다. 대신, 철학자들의 사유를 따라 평상시 깊게 따져보지 못했던 문제들을 들추고 파헤치다 보면 세상을 바라보는 색다른 시야가 열릴지 모른다. 구보 씨는 처음부터 이렇게 수강생들에게 당부를 하곤 했다.

강의가 졸린다는 점에 대해서는 책임을 다른 곳에 돌리기가 쉽지 않다. 워낙 말이 좀 느린 편에다 밋밋한 어투이고 보니, 잠깐 내용을 놓치면 목소리가 졸음을 부르는 알파파의 리듬과 맞아 들어가기 십상이다. 때로 억지로 목소리를 높이려 해 보지만 괜히 어색하기만 한 경우가 많다. 그래서 구보 씨는 아예 졸리는 목소리라는 걸 인정하기로 했다. 좋게 생각하면 편안함을 주는 목소리라는 것 아닌가. 조분조분하고 느릿느릿하며 모가 나지 않은 부드러운 음색의 목소리. 어쩌면 심야 음악방송에 어울릴 법한 목소리.

"불면증 있는 분들은 제 강의를 녹음해 가서 잠 안 올 때 들으세요. 효과는 확실히 보장할 수 있어요. 정말이에요. 저도 잠 안 올 땐 혼잣말을 한답니다."

구보 씨가 강의 때 곧잘 써먹는 자못 애처로운 유머다. 그렇다고 구보 씨의 강의실에는 조는 수강생들 투성이일 것이라고 생각하면

　　　　　　　　철학자 구보 씨의 세상 생각

오산이다. 집에서는 졸되, 강의실에서는 졸지 말라고 구보 씨는 매번 부탁을 한다. 그래도 조는 사람이 있으면 다가가 깨운다. 졸린 목소리를 들으면서도 졸지 않는다는 데 철학을 향한 여러분의 의지가 있습니다. 목소리의 외피에 가려진 각성(覺醒)의 알맹이에 주목하시기 바랍니다…… 그래도 다시 졸려는 사람이 있으면 이런 슬라이드를 띄우기도 한다.(아래 사진 참조)

이렇게 고투(苦鬪)를 해 가면서라도 구보 씨가 살리려는 것은 강의의 내용이다. 무엇보다 철학적 문제의식과 개념들이 어떤 배경에서 나온 것이고 또 어떤 역할을 하는지를 설명하는 데 중점을 둔다. 어려운 내용을 가능한 한 쉽게 이해할 수 있게 하려고 나름 애를 쓰는 것이다. 그런데 쉬운 얘기를 너무 어렵게 한다니…… 맥 빠지는 평이 아닐 수 없다.

익명(匿名)의 지적 하나에 그렇게 괘념할 필요가 있나 싶지만, 막상 신경이 쓰이는 것을 보면 구보 씨 스스로도 내심 미심쩍은 구석이 있었나 보다. 어쩌면 구보 씨 강의만이 아니고 철학 자체의 처지가 마음에 걸렸는지도 모른다.

근래 대학에선 철학과가 폐지되거나 다른 과와 통폐합되는 일이 드물지 않다. 한남대와 경남대의 경우에는 철학과를 없애겠다는 결정이 내려져, 여기에 항의하는 교수와 학생들이 대학 당국과 맞서고 있다. 졸업생의 취업률이 떨어지고 입학생도 줄고 있다는 것이 주된 이유다. 이런 일은 국내에만 그치지 않는다. 대표적인 예로, 영국의 미들섹스 대학의 철학과는 그 명성이 상당했는데도 최근 폐지되고 말았다. 아직 항의하는 운동이 그치지 않고 있지만, 역시 돈의 논리에 밀린 이 사태를 쉽게 되돌릴 수 있을 것 같지는 않다.

철학이 중요하지 않다거나 불필요한 학문이라고 대놓고 말하는 경우는 별로 없다. 오히려 우리 사회는 철학적 기초가 부족해서 문제라거나, 우리 사회의 발전을 위해서는 인문학과 철학적 사유가 절실히 필요하다고 강조하는 사람들이 많다. 그러나 몇몇 상업적 기획물이 아니면 철학적 저작들은 잘 팔리지 않는다. 중요한 고전이 번역되어 나와도 초판 천 부를 넘기기가 쉬운 일이 아니다.

"그러니까 너희 철학자들이 더 정신 차려야 한다는 거야. 철학자들 자신이 변하지 않으면 안 된다구. 쉬운 얘길 어렵게 한다는

　　　　　　　철학자 구보 씨의 세상 생각

평은 내가 보기엔 정곡을 찌른 거 같아."

"그래? 어째서?"

"철학자라는 사람들은 대개 텍스트에 갇혀 살잖아. 그러다 보니 쉽게 할 수 있는 말도 이런저런 개념을 통해서 하려고 하고 그 덕택에 얘기가 쓸데없이 어려워지는 거라구. 구보, 네가 좀 심하긴 하지만, 너만 그런 건 아닐 거야."

"Y야, 개념적 사고란 중요한 거야. 개념은 말하자면, 생각의 다발을 엮는 얼개 같은 거거든. 왜, 우린 분명한 생각의 줄기가 없이 말하는 사람을 두고 흔히 '그 사람 개념이 없다'고 하잖아. 철학적 개념은 그런 개념들 가운데서도 아주 근본적인 것들이니까, 보기에 따라선 어렵게 느껴질 수도 있지. 근데 그건 우리가 일상적으론 근본적 사유를 잘 하지 않는다는 반증 아닐까."

"푸…… 구보야, 문제는 니들이 말하는 그 근본적이라는 게 대부분 낡고 비현실적이라는 거야. 대체 뭐가 근본적인데? 옛날에 근본적으로 여겨졌던 게 지금도 그렇다고 생각하는 게 니들의 병폐라구. 그거 내가 보기엔 아무래도 직업병 같애."

"직업병?"

"그래, 철학자라는 오래된 직업 때문에 생기는 직업병. 철학의 역사가 길고 훌륭한 철학자가 많은 건 자랑거리겠지만, 니들은 그 역사와 전통에 따라야 깊이 있는 생각을 할 수 있다고 여기는 것 같아. 그래서 결국 니네가 하는 게 뭐야? 헤겔이니, 칸트니, 플라톤이니, 공자니, 주자니 하는 사람들의 생각 속에서 헤매는 게 주 업

무잖아. 그런데 그 사람들 생각이 오늘날에도 그렇게 중요해? 대부분의 사람들이 그런 거 모르고도 잘 지내고, 그런 거랑 상관없이 생각하고 고민한다구."

"Y야, 그건 오해야. 그렇게 따지자면, 우린 아인슈타인의 상대성 원리나 하이젠베르크의 불확정성 원리를 몰라도 그런대로 잘 지내고 그런 거 없이도 그럭저럭 생각하고 살거든. 게다가 철학자들이 옛날 개념에만 빠져 있는 건 아니야. 오히려 우리 시대에 맞는 적절한 개념들을 찾아내려거나 만들려고 노력한다구. 그게 쉬운 일이 아니라서 그렇지…… 그래서 더더욱 옛 개념들을 참조하는 게 중요한 거야……."

"혹시 너무 많이 참조하는 거 아냐? 그러니까 괜히 어려워지지. 그러다가 제 풀에 지쳐서 그런 참조 자체가 가치로운 것이라고 생각하게 되고……."

어쩌면 Y 말이 맞는지도 모른다. 하지만 눈앞의 것만 보아서야 눈앞의 것도 제대로 보지 못하는 법이다. 때로는 돌아가는 것이 가장 빠른 길일 수도 있다. 우리의 현실 자체가 다면적이고 다층적이며 다양한 잠재성을 안고 있는 것인데, 어떻게 거기에 적합한 문제의식이나 개념이 단번에 나올 수가 있는가. 야구선수가 안타나 홈런을 치기 위해서는 무수한 연습과 헛방망이질이 있어야 하지 않는가.

물론 오늘의 현실은 옛날과 같지 않다. 과거에 중요하게 여겨졌던 철학적 문제들 가운데는 이미 해결되었거나 그 탐구 영역이 다

　　　　　　　　　　철학자 구보 씨의 세상 생각

른 분야로 넘겨진 것들도 많다. 이를테면, 우주의 본성이나 됨됨이에 관한 문제들은 이제 천체 물리학이나 미립자 물리학이 다루고 있고, 근세의 중요한 철학적 주제였던 인식론적 문제들의 많은 부분은 이제 심리학과 생리학의 소관 사항이 되었다. 인간 사유의 본성에 관한 문제들조차 오늘날은 진화심리학이나 뇌생리학 등에서 다루어 많은 성과를 내고 있다.

철학에 남은 것은 이제 사실의 문제들이 아니라 가치의 문제, 규범의 문제들이라고 할 만하다. 사고의 규범을 다루는 논리학, 행위의 규범을 다루는 윤리학이 아직 철학의 고유한 영역으로 남아 있다. 그것마저도 규범적 사고의 현상, 규범적 행위의 현상이 문제될 때면 그것들을 데이터로서 다루는 심리학이나 사회학 따위의 대상이 되고 만다. 사정이 이렇다 보니 철학은 결국 사유의 내적 연결을 문제 삼는 도구적 학문이라거나, 사회역사적 상황에 따른 규범적 행위양식과 가치체계를 정당화하거나 비판하는 이데올로기적 분야라는 규정이 나오기도 한다.

그렇지만 철학의 어깨가 마냥 가벼워지기만 한 것은 아니다. 가치의 문제는 의미의 문제와 엮이어 오랜 숙제처럼 철학을 겨냥한다. 모름지기 철학자란 여전히 삶의 의미나 세상의 존재 의미 같은 거창한 문제에 답을 내놓아야 한다는 듯이 말이다. 이런 면에서 철학은 예술이나 종교와 같은 전선에 선다. 물론 예술이나 종교의 무기가 감성이니 신앙인 것과는 달리, 철학의 무기는 사유다. 이전에는 이 사유가 종교적 믿음이나 과학의 성과에 기대어 의미를 길어

올렸다면, 오늘날은 예술적 감성을 가까운 파트너로 삼는 경우가 많아 보인다.

구보 씨가 구보 씨가 된 것도 사실 그런 탓이라고 해야 할지 모르겠다. 구보 씨는 원래, 박태원의 구보 씨에서부터 최인훈의 구보 씨, 주인석의 구보 씨에 이르기까지 소설가가 아니었던가. 그런데 철학자 구보 씨라는 뒤떨어진 변용(變容)이 등장하게 된 것은 알게 모르게 문학이나 예술에 대한 철학의 친화적 쏠림이 작용한 결과가 아니겠는가.

"구보야, 너 또 얼버무리려고 하는구나. 네가 구보 씨가 된 건 그저 개인적인 빌붙음 때문 아냐? 그걸 어떤 추세나 경향 탓으로 돌리려 하면 곤란하지."

"하하, Y야, 꼭 그런 건 아냐. 말하자면 그와 같은 면도 있다는 거지. 그리고 그게 철학의 현황이나 궁지를 보여준다는 얘기고."

"글쎄, 내 생각에 그건 별로 당당하지 못한 태도 같아. 현황이니 궁지니 하면서 그 뒤로 숨으려는 것처럼 보여. 언제 철학이나 인문학의 처지가 어렵지 않은 때가 있었니? 진짜 철학자라면 거기에 당당하게 맞서야 하지 않을까?"

"허…… 진짜 철학자라…… 그런데, 그게……."

"왜, 자신 없어?"

"Y야, 그렇게 윽박지를 일은 아니라고 봐. 모든 사람이 전사(戰士)가 될 수는 없는 일 아냐? 나도 나름대로 노력 중이라구. 어설프

　　　　　　　　　　　　　　　철학자 구보 씨의 세상 생각

고 부족해 보이겠지만, 이 구보 씨 이야기도 그 일환이고 말이야. 기왕이면 좀 너그럽게 봐 주라."

"……."

"안 돼?"

"구보야, 되고 안 되고가 어딨니? 네 말대로 다양한 게 세상산데…… 어쨌든 이제 네 얘기에서 나는 그만 빼 줘."

"어, 그럼 곤란해. 네가 빠지면 사람들이 그나마 무슨 재미로 이걸 보겠냐."

"그거야 구보 네 사정이고……."

"Y야, 그렇게 말하지 마. 네 사정이 곧 내 사정이지. 네가 정 그렇게 나온다면 나도 당분간 쉬는 수밖에…… 사실, 나도 그럴까 생각 중이었어. 쉬면서 다른 가능성을 생각해 볼게. 이를테면 구보 씨의 철학 강의 같은 거 어때? 역사철학이나 문화철학 같은 거. 조분조분한 목소리로 하는 도저히 줄 수 없는 강의, 쉬운 얘기를 어렵게 하는 것이 아니라 어려운 얘기를 쉽게 하는 강의…… 그게 언제부터 가능할지 모르지만, 하여튼 그런 거 시작할 때면 너도 다시 도와줄 거지?"

철학자 구보 씨의 세상 생각

1판 1쇄 발행 2013년 10월 10일

지은이 | 문성원
펴낸이 | 조영남
펴낸곳 | 알렙

출판등록 | 2009년 11월 19일 제313-2010-132호
주소 | 서울시 마포구 합정동 373-4 성지빌딩 615호
전자우편 | alephbook@naver.com
전화 | 02-325-2015
팩스 | 02-325-2016

ISBN 978-89-97779-29-1   03100

이 도서의 국립중앙도서관 출판시도서목록(CIP)은 서지정보유통지원시스템 홈페이지
(http://seoji.nl.go.kr)와 국가자료공동목록시스템(http://www.nl.go.kr/kolisnet)에서
이용하실 수 있습니다.(CIP제어번호: CIP2013019694)